なぜ、それでも会社は変われないのか

危機を突破する最強の「経営チーム」

柴田昌治
Shibata Masaharu

日本経済新聞出版

はじめに　「令和の改革」のスイッチを入れる

どこに問題の根源はあるのか――〃失われた30年〃をつくった張本人とは

日本の組織で働くには「空気を読む」力が必要とされます。

何かをする時、何かが起こった時、担当する人間が常識ある組織人であればあるほど〃組織の意向〃といった空気を意識します。そして、無意識のうちに自分の判断を先送りします。その傾向は外国企業との取引の時に際立ちます。日本企業側の〃常識のある〃責任者なら、ことあるごとに「上司と相談します」「調整してお返事します」という決まり文句を口にするのです。その場での判断や意思表示を避けて持ち帰るのが日本では普通です。外国企業(異文化)の人間は当初こそ戸惑いますが、つき合っていくうちに、これは個々の担当者の資質の問題ではないことを感じ始めます。日本企業には特有の仕事上の作法があることに薄々気づくからです。

無意識ではあるけれど、確かに存在していて、組織人であればあるほど抗うことができない強固なもの。この〝日本的な空気感〟の正体は、日本社会が伝統的に引き継いできた「**調整文化**」が生み出す作用そのものなのです。

この調整文化というのは、何よりも組織の安定を優先する「組織の混乱回避」を大切にする文化です。

組織を安定的に運営していくために有効なのは「**予定調和**」*というものの考え方であり、前例踏襲路線です。混乱を避け、安全第一に物事を運ぶという伝統に基づくこの考え方で仕事を進めていれば、大きな失敗が起こるリスクを限りなく小さくできるからです。

日本そして日本企業の将来にとって問題なのは、この調整文化が一種の「思考停止の文化」になっている、という点です。

というのも、「予定調和」の考え方は〝結論が最初から見えている〟ことを意味します。最初から確定している結論に向かって、そこから逆算した道筋をただ辿っていく進め方であれば、深く考える必要はありません。

つまり、調整文化というのは深く掘り下げる思考を必要としない、ということです。

自分で考えて問題を解くよりも、既知の公式で手っ取り早く答えを当てはめる。この無自覚な思考停止状態は、今の日本企業が抱える本質的で致命的な問題点です。

国際的にもその特異性が話題になる日本企業を覆う調整文化は、ここ数十年、年を追うごとにその影響力を増してきています。平成の時代を〝失われた30年〟にしてしまった張本人が、この調整文化の影響力の拡大です。

本書では、「ロジカルに議論し問題点を究明する」ことを優先する欧米文化に対し、「混乱を避け、可能な限り予定調和で事を収めていこうとする」日本的な調整文化の特性に焦点を当て、克服しなければならない課題として、思考停止などの問題を取り上げます。

大企業改革は「文化の変革」

世界の中でも目を引く「低い生産性の伸び」「経営スピードの致命的な遅さ」「スローガンが独り歩きする挑戦」「考える力を持つ人が育たない」といった日本企業が抱える諸問題は、まさにこの「調整文化」の影響力拡大を起源とするさまざまな問題が絡み合うことで生まれ

＊「予定調和」とは、「あらかじめ計画・予定・決め事など、結論となる落としどころを定めておいて、その予想する流れに沿って事態が動き、結果も予想どおりであること」をめざして、それを前提に行動する考え方です。辞書的にいえば、「予定」は「行動や行事などをあらかじめ定めること」、「調和」は「結果が予定どおりにうまく整って物事が運ぶこと」を表します。

ているのです。

今まで私たちは、日々のさまざまな不具合から大事件まで、表面化してくる問題を「個別の問題」として一つひとつ取り上げて対処してきました。

小規模の企業なら、トップさえ明確な軸を持ち、継続して出てくる問題に対処し続けていれば、時間と共にそれは積み重なり、会社の変化にもつながります。

しかし、大企業には別の難しさがあります。

伝統ある大企業は、組織の「安定」を重視します。そして、外界が変化しても簡単には揺るがない、この安定構造を根本で支えているのが調整文化というものなのです。

ということは、「文化の問題」と捉えて根底から動かさない限り、そこで起こる変化は一時的なもの、表面的なものに終わってしまいます。というのも、人が定期的に移動する大企業では、個別に対処するだけでは変化が積み重なっていかないからです。

つまり、調整文化をそのままにしている限り、形状記憶合金のように、大きな組織はつねに元の〝安定状態〟に戻ってしまうということです。

不幸なことに、平成の時代から今に至るまで、調整文化は企業の経営陣に対してもその影響を強めてきています。その弊害は社会に還流し、〝失われた30年〟を経て、令和の今もなお日本を劣化させ続けているのです。

日本の経済、そして日本という国にも大きな影響を与える大企業の改革では、この調整文化をコントロールする必要があります。そして、激動の時代に対応していくことを可能にするためには、挑戦していく文化を後押ししなくてはならないのです。

そして、こうした企業の文化に関わる根幹に手を打てるのは、組織の頂点に位置する「経営陣」、しかも経営トップとめざすものを共有して参謀機能を果たす「役員チーム」以外にないのです。

「役員のチーム化」が日本再生のための究極の打開策

「役員のチーム化」で、調整文化をコントロールすることが、世界で再び存在感を持ちうる力を蓄えた日本企業の再生には不可欠です。そして、それは可能であるにもかかわらず、今までは試みられていませんでした。というのは、役員というのは〝変われない存在〟だと多くの人が感じていたためです。その結果、「役員のチーム化」という最も大切なテーマがアンタッチャブルになっていたのです。

しかし、平成の時代に勢いを増してきている調整文化の価値観よりも、挑戦を引き出す挑戦文化の価値観を優先させていく仕事は、部下に任せてできる仕事ではありません。企業文化を本質的に揺り動かそうという、これほどの難課題には、経営陣が一丸となって取り組む以外に解決策がないことは明らかです。

本来なくてはならないはずの経営のリーダーシップは、「社長と役員チーム」が一丸となることで取り戻すことができます。その強大なエネルギーによって生み出される「突破力を持つ会社」こそが、日本企業および日本の立て直しに一番必要とされているのです。

これまで日本的な集団を縛っていた「空気」という言葉は、私たちにとっては感覚的には理解しやすいものです。理解はしやすいのですが、感覚的に使われてきたがために、文化的な本質を捉えきれていない、という意味での限界も抱えていました。

しかし、その空気の正体は調整文化であると見極めていくことで、調整文化の持つ特性、さらには組織に及ぼしている作用が明らかになってきました。結果として、今までは浮かび上がってこなかった「役員のチーム化」という問題解決の決定的な「手がかり」にたどりつくことができたのです。

役員のチーム化を可能にするのは、役員という存在は自分のことだけを考えている人たちの集団ではない、という事実です。加えて、私たち日本人は、他人の中に自分と共通する「何か」を見出そうとする性向を持っています。それが本書のキーワードの一つである日本人の持つ「強い共感力」なのです。自然に任せておくと同調圧力になったりもするこの力ですが、前向きに作用すると、互いの強い連携を生み出します。経済の高度成長期、日本企業に強いチームワークをもたらしたのも、この「強い共感力」です。

会社を大事に思う役員の気持ちを役員間の連携力につなげることこそがカギであり、それが可能になることで強力なチームができるのです。

本書の利用方法——日本ならではの経営チーム構築のために

従来、日本における経営改革は次に掲載する氷山モデルの図にあるように、その水面上の部分、目に見える「戦略・制度・組織体制等」を対象に実行されてきました。しかし、このやり方には限界が潜んでいます。というのも、改革の中身が難しくなればなるほど、やらせの改革が沸き起こり、日本では受け手側の面従腹背がひそかに横行してしまうからです。

表向きはうまくいっている、と報告はされているのに、裏では改革の空回りが起こっていたのが平成の日本です。平成の経営改革に失敗が多発している原因はじつはここのところにあるのです。

本来、日本で行なう経営改革というのは氷山の水面下の目に見えない「社風・価値観・企業文化」を考慮に入れて、その対処法を考えます。というのも、内発的な動機を無視した「やらせの改革」になると改革が成功しないことは、すでに周知の事実となっているからです。

本書では、氷山の水面下に日本企業の「調整文化」が重く桎梏《しっこく》として根づいていると考えています。この現状から、経営がチームになることによって、いかに挑戦文化を取り戻していくか、をテーマにしているのです。

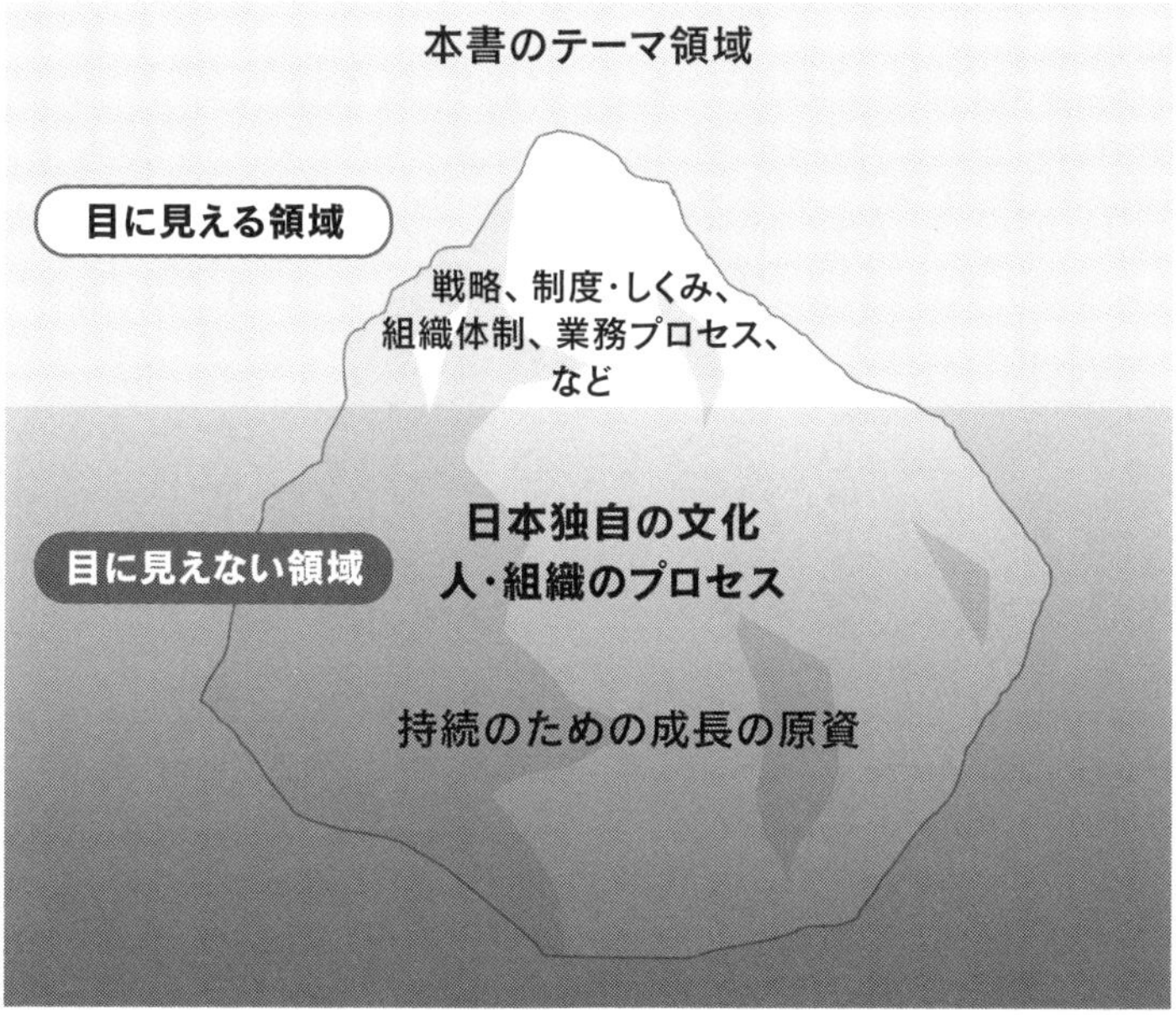

第1章は序論として、なぜ今、役員がチームになることが日本企業にとって喫緊の課題なのか、新たな日本的経営チームの可能性と長期低迷を打開するプロセスを概観します。

第Ⅰ部（第2章、第3章）では、実践的な突破口として氷山上部の領域を対象に、新たな戦略的経営を実現する日本ならではの経営チームビルディングを解説します。

第Ⅱ部（第4章～第6章）では、日本に高度成長をもたらした調整文化と企業における悪影響のメカニズムに踏み込み、その正体を明かします。そして、挑戦文化に転換するためのカギとなる役員の新たな役割と経営チームによるリーダーシップを考えていきます。

本書は、第Ⅰ部と第Ⅱ部のどちらからでも読んでいただけます。また各章は独立しているので、どの章からも読んでいただけます。

『なぜ、それでも会社は変われないのか』目次

第Ⅰ部

問題解決の突破口 挑戦文化へのパラダイム転換のための打開策

第2章 「役員の壁」を打破する

挑戦型の経営チームをめざして

第3章　経営層を「真のチーム」にする

日本発！　経営チームビルディングの実践方法

第Ⅱ部 問題の根本的解決法

「挑戦文化」へ舵を切る

第4章 なぜ企業価値は高まらないのか

経営の足を引っ張る調整文化

第5章　「どうやるか」思考から脱する
挑戦文化へ移行する5つの処方箋

第6章 「組織の常識」から自由になる

役員層が変われば、現場も変わる

第1章

「答えが見つからない時代」の経営

令和こそは「脱皮」の時代へ

CASE STORY 1

ゆらぎと打開の役員合宿

「経営陣のチーム化」が風穴を開けた延命プロジェクト

「今日、明日のメシに困る状況ではないが、ここで将来のために思い切った手を打たないと現状の延長線では会社存亡の危機に及ぶ」

そんな強い危機感を持つ社長の橋本俊郎は、役員たちに対していま一つ物足りないものを感じていた。

優良企業トップの将来不安——「このままでいいのか」

東洋精電は、連結売上高約5000億円の精密機器メーカーである。

橋本は技術者上がりで恰幅がよく、押し出しが強い。情熱的で度量の広さを感じさせる。見当違いだと思う意見などには、時に強い不快感を表して部下を委縮させてしまうこともある。だからといって、自分と異なる意見を持つ人を排除することはない。自分の周りをイエスマンで固めるような男でもない。欠点はもちろんあるが、人好きのする、

【東洋精電】

東証1部上場。本社は東京・秋葉原。120年前に創業された工作機械メーカーを源流とするものの、同業の買収や製販統合などを繰り返し、現在では連結従業員3万人を擁し、60を超える国や地域で事業を展開する業界大手。

祖業の流れをくむ産業用精密機器事業が現在でも社内の本流で、主力製品は世界シェアの6割を押さえて業界トップの地位を盤石にしている。

一方、1980年代に入って急速に成長したのが一般消費者向け電子機器事業である。90年代後半に米国企業を買収してブランド知名度向上に成功し、一時は得意製品で北米シェア2位まで上り詰めた。ところが新規参入が多く移り変わりの激しいコンシューマー向け市場の宿命で、現在は新興のアジア企業と激しいシェア争いを繰り広げている。

懐の深い人物である。

世間ではそこそこ名の知れた優良企業として評価を得ている東洋精電だが、橋本の目から見ると、内実は歴史的経緯から見ても、まだら模様の企業文化とちぐはぐな組織体制が複雑に入り組み、風通しが良くない。事業譲渡や合併に伴う出身母体の違いによる企業文化の壁、事業分野の異なる二大事業部間の壁、営業・開発・製造などの部署間の壁、本社と地方支社の間の壁、商習慣を異にする国内部門と海外部門の壁と、各所でチームワークを阻害する無数の見えない壁が張り巡らされているように思えていた。

歴代の社長はこのようにバラバラになりがちな各部門を、一つの会社としてまとめるために並々ならぬ苦労をしてきたのだ。

全社の売上高は安定的に推移して営業利益率も6％台後半を維持しており、足元の経営状況はまずまずと言える。しかしその中身をよく見ると、売上高2000億円の産業用精密機器事業が全社利益の7割を稼ぎ出す一方、売上高の6割を担うコンシューマーエレクトロニクス（CE）事業は多くの従業員を抱えるものの利益貢献は低いままとなっている。

最近では、もともと変化の激しいCE部門だけでなく、これまで安定的に利益を稼いできた産業用精密機器事業までもが100年に一度と言われるIoT／デジタルトランスフォーメーションの大波にさらされ、対応を誤れば一気に業界内の地位を失いかねない状況だ。

いつも近くにいる役員たちは普段の姿を見る限り、それぞれに個性的で偏りはあるにせよ、仕事熱心で信頼の置ける人間だと橋本は思っている。橋本が就任して2期目に入った昨年、二大事業部のトップが交代したことから、役員陣の新鮮さが増してバランスがとれてきた。これならもっとやりやすくなるかもしれないと、橋本はひそかに期待していた。

しかし、何かが欠けている。それが何かは表現しにくいのだが、ただ自部門の仕事だけをしているようにしか見えない役員たちに物足りなさを覚えるのだ。それぞれがしっかりした仕事をしてくれているのはわかる。だが、何しろ役員同士の話し合いがあるようには見えない。お互いに突っ込んだ議論をしている姿などというのは見たことがないのだ。

近い将来に待ち受けるはずの難局に一緒に立ち向かう経営陣である。会社の未来を託すためには、役員にも何らかの刺激を与えねば、という気持ちを橋本は持っていた。それは単なる経営の知識や経験ではない。ないものねだりかもしれないが、第一番に欲しいのは「熱い思い」だ。

今の役員たちは自分の部門のことしか頭にない。相変わらず方向性はバラバラのままで変化の兆しはない。会社が二大事業部のビジネスモデルを転換すべき成長の踊り場に立たされていることは、とうに承知のはずなのに、だ。経営陣が一丸となってこの大きな船の舵を切らなければデジタル時代の新しい大波には乗れない。

「なんとかして7人の役員をお互いに刺激し合うような関係性にできれば」と、心底から橋本はその方策を模索していた。

そんな時、会長の清水隆から手渡されたのが、経営チームビルディングをテーマにした書籍だった。著者名を見て思い出した。20年ほど前、先輩格の課長だった清水と共に手にして、熱く語り合った『なぜ会社は変われないのか』というビジネス書だ。あの時は組織風土改革の参考にしたが、その本は同じ著者の最新作だった。

2018年6月、橋本が役員チームビルディングの支援を、経営プロセスのデザイナーに依頼したのはそんなきっかけからだった。着手してから約半年間はチームビルディングのための周到な準備が進められた。その間、関係者とまず信頼関係をつくっていく彼らの動きに橋本はたびたび驚かされた。

それからほぼ1年後の2019年12月、役員たちが仕掛けた取り組みに橋本が瞠目する出来事が起こった。それは7人の役員がワンチームで一丸となった証しであり、レベルが一段と飛躍したことを象徴する出来事だった。

社長を動かした「役員チームの意見書」

2019年12月某日、社長室の応接テーブルをはさんで座った取締役経営企画本部長の佐伯正一は、向かい合った社長の橋本の前に資料を置き、ある案件について落ちついた口調で説明を始めた。佐伯の隣にはCE事業担当役員の中島信弘が神妙な面持ちで同席している。

長身で穏やかな印象を与える佐伯は、物事をじっくりと腰を据えて判断し、一度決めるとぶれない気骨の持ち主だ。

「社長、先日から何度か相談しているCE事業の件ですが、今後の進め方に関して役員全員の総意として案をまとめてきましたので、説明させていただきたいと思います」

橋本は内心の驚きと若干の動揺を気取られないよう静かに答えた。

「うん、続けてください」

佐伯が説明する資料の表紙には「北米CE事業　再建計画策定プロジェクトの進め方」とタイトルがあり、そのすぐ下には、佐伯の名前を筆頭に、なんと取締役執行役員7人全員の生々しい自筆サインが決意の証しであるかのように列記されていた。

経営企画担当として佐伯の名前でこうした案件が持ち込まれることは今までにも何回かあった。しかし、役員全員の連名で提出されることはもちろんない。東洋精電はじまって以来の出来事である。

筆頭に佐伯の名前が記されていることから、この案が佐伯主導で取りまとめられたことがうかがえた。2段目にはCE事業トップの中島のサインがあった。橋本が驚いたのは3段目にあった、精密機器事業部長の早坂和巳の名前が目に入った時だ。これまでライバル関係にあるCE事業には関心のかけらも示さなかった早坂が、これほどまでに歩み寄ったのか。

別会社と言われるほど文化も異なる両事業部のトップ二人の連署に続き、営業とは対立しがちな生産本部長の坂野保直の名前が次段に記されている。さらに技術本部長の藤井信也、CFO兼財務部長の水谷敏夫、人事部長の武藤康仁と署名は続いていた。

これまで決して横串の通らなかった7役員である。その署名が並んで表紙に付された再建プロジェクト案が正式に社長に提示されるというのは、日本の伝統ある大企業では滅多にお目にかかれない〝事件〟だった。

7人の役員の覚悟が伝わり、橋本はやや緊張の面持ちで黙って聞いている。

佐伯からの説明を聞き終えた橋本は一点だけ確認した。

「中島君もこの進め方に同意しているんですね」

佐伯の隣に座る中島が短く「はい」とだけ答えると、橋本は少し間をおいて「わかりました、この方向で進めてください」と言葉少なに提案を承諾した。

局面が大きく転換した瞬間だった。


橋本は北米CE事業に深い関わりを持っていた。1990年代後半に米系企業の買収によって強い現地ブランドを獲得し、一時は北米市場で業界2位を維持するまでに業績を押し上げたのは、橋本自身だった。当時CE事業部の商品企画部長としてブランド買収の陣頭指揮を差配したのだ。このことは社内の誰もが知っていた。ところが近年は、後発参入したアジア系の新興企業群との競争が激化し、売上高の減少と利益率の急落に苦しんでいる。

しかし社内ではそれを声高に取り上げる者はいない。一種のタブー案件になっていたのである。低迷する事業へのテコ入れについては、これまでも橋本と中島事業部長との間で何度も協議が重ねられ、経営企画の立場で佐伯も関わってきた。しかし、議論はそのたび問題の核心に踏み込むことができず、話し合いは堂々巡りを続けていた。
それが**役員チームビルディング**活動の開始から1年、役員がチームとして動き出すことで、これまで行く手を塞いでいた延命策の壁に風穴があいたのである。

佐伯、中島の二人が退出した後、社長室に一人残った橋本の胸中は複雑だった。

自らが見出し、役員に引き上げて経営企画を任せた佐伯の、この1年の成長ぶりには目を見張るものがある。もともと切れ味の鋭い男だったが、このところは周りを巻き込む力強さもめざましい。自らが望み、仕掛けた「役員のチームビルディング」の効果が期待以上の速さで表れてきたことは確かだ。自分の人選や仕掛けが正しかったことには達成感を感じる一方で、忸怩《じくじ》たる思いもよぎる。

これまで、大事なところでは自分の経営判断で会社の舵取りをしてきた自負がある。しかし他方で、北米CE事業の問題だけは判断の先延ばしをしてきたことへの苦々しさが残る。思いに結果が伴わない、ここ数年だった。

一方、橋本への説明を終えて自席に戻った佐伯も、しばしの間、思うともなく役員チームビルディングのこの1年間を思い返していた。

抜本的な事業の見直しに逡巡する社長に対して役員全員が連名で打開策をぶつけるなど、1年前に誰が想像しただろうか。役員チームのキックオフとなった、あの山荘合宿がなかったら……。10年を待たずして東洋精電は「沈みゆく船」になっていたかもしれない。平成の環境変化という巨岩にぶつかった船は、傷つき、すでに浸水が始まっていることは役員の誰もが薄々感じてはいた。しかし、役員同士でその現実に向き合い議論することも、経営会議で社長に問うこともしないままに過ごしていた。

それがあの合宿をきっかけに、役員たちの連携が生まれ、経営の難課題の中でも第一に挙がった不振の北米事業の問題を、ワンチームになって打開する道を拓いたのだ。

《第2章　CASE STORY②（60ページ）に続く》

1　思考停止が進む調整文化

日本企業の難問題を解く唯一の突破口

ケースストーリーで描いた、役員がチーム化することによる「動きの変化」、さらにはその相互作用として起こった「社長の変化」といったダイナミックな変化は、会社にどんな波及効果をもたらすのでしょうか。

つねに上層部の動向を注視している部下たちは、そうした変化に敏感です。上の人間の何かが今までとは違う、その態度や行動が変わり始めると、部下たちはすぐに気づきます。そして、経営陣の間に吹き込んだ新たな空気の気配を感じ、そこに意味や暗示を読み取ろうとするのです。

これまでずっと〝変わらない〟〝変わることがない〟と思われている役員だからこそ、ささやかではあっても今までなら到底ありえないふるまいは、社内に〝波立ち〟を伴って響いていきます。それが社員に、何か今までにないような会社の空気、変化を予感させるメッセージになるのです。

役員のチーム化を決意した社長にとっても、もたらされた価値の大きさは予想をはるかに上回るものでした。

トップがいくら現状に対する危機感や改革の意志を強く持っていても、役員たちがチームレスなバラバラの状態では経営のハンドルは利きません。トップとしてのリーダーシップを発揮しようとしてもできない。特に、会社がこれからめざしていく方向を決める、自社の事業の未来を考えて戦略やビジネスモデルを見直すなど、自社の存続をかけて大きな方向転換を要する局面では、経営陣の機能不全状態は命取りです。

経営に名を連ねる役員が今までのような相互不干渉の状態、自分の担当以外のことには無関心のままだとしたら、そのサポート機能を期待できないトップは孤軍奮闘するしかありません。

だからこそ、これからの時代は**「役員のチーム化をなしえるかどうか」**が会社の将来を左右するカギを握ることになります。会社のめざすものに向かって〝経営陣が一枚岩になる〟ことで、初めて時代が求めている経営のリーダーシップ機能が発揮されるからです。

逆に、経営が「変化した新しい姿」を共にイメージできない状態が続いていくと、会社も一緒に停滞の足踏みを続けることになります。

なぜなら、多くの日本企業は「上にならえ」を規律とした序列のしきたりのもとに動いています。日本企業のマネジメントは、序列意識が支配する空気を前提にした日本的な「組織の動き方」で成り立っているのです。社員や職場を元気にする、という現場の活動だけで会社が本当の意味で良くなることなどありえません。良くも悪くも、会社は「日本的な組織のあり方」、その価値観を持つ文化に左右されているからです。

本書で「調整文化」と呼ぶ日本独自の組織風土がこれにあたります。

日本のチームビルディングを困難にしている根っこには、この企業文化の問題があるというのが、本書の立脚する現状認識です。

そういう目で見ていくと、これまで表向きには堅実経営をしているかに見えていた日本企業の隠された水面下の世界が浮かび上がり、その真実が明らかになってきます。

経営の中枢で秩序を守る「調整文化」の弊害

日本企業の本質的な問題である「調整文化」とは何か。第Ⅱ部で詳しく論じますが、ここでも簡単に説明しておきます。

階層や役職、年功などの序列に縛られている日本の組織は、「上」には仕え、それぞれが立場、役割を守って規律正しく動くことで組織の安定が保たれています。そして、その中心的な役割を果たしてきたのが役員陣とその直下にいる本社スタッフです。

経営の直下にある本社スタッフは、会社の体面を守ること、組織を安定的に運営していくことなどを自らの使命とし、会社や上司に忠誠を尽くすことを信条としてきました。そこに貫かれているのは、歴代の先輩から受け継がれてきた作法であり、組織人としての身の処し方です。さらに、そこには先輩後輩関係にも見られるような〝序列を大切にする〟日本的な美意識が加わり、その役割意識は強固なものになっています。

市場や顧客からは遠い間接部門で、企画・管理や調整の仕事を担う本社スタッフは、調整文化の価値観で組織を安定に導くことを求められ、それを実行するには最適のポジションです。階層の上部で経営陣と直接つながり、全社に強い影響力を持つ本社スタッフが調整文化に沿った仕事の進め方を貫くことで、必然的に組織全体が調整文化に馴染んできたのです。そういう意味で、役員からのお墨付きを得て、経営の中枢で調整文化の化身として本社スタッフが力を奮っている限り、調整文化は安泰です。

他方、「本社スタッフ発の調整文化」に対抗するものとして、「現場が求める現地現物の挑戦文化」があります。そのせめぎあいは昭和の時代からありました。しかし、合理化が急速に進んだ平成の時代を境に、本社の影響力が次第に勢いを増していきます。現地現物で仕事を回す現場が、現実と調整文化との隔たりや不具合をいくら指摘しても、強固な序列の構造を持つ組織では、ボトムアップで文化を変えることは不可能だったのです。

「予定調和」「前例踏襲」…思考停止の文化を脱する

調整文化を特徴づけるルールや規律は、それなりの意味を持つものです。しかし、それ自体がいつのまにか目的化してきたことで「枠」となって社員を縛り、〝滅私奉公〟の言葉どおり、個人としての思考や行動を抑制してきました。前にもふれたように、問題なのは、この調整文化が一種の「思考停止の文化」になっていることです。

これからの日本や日本企業が切望しているのは、複雑で困難な局面に立ち向かっていく挑戦の姿勢です。そして、いくつもの壁を打開していくことができるタフな「頭を使う力」です。

しかし、経営の中枢にあるスタッフ部門は今までどおりのミッションを持ち、「混乱回避」を上位に置いて前例踏襲で組織を動かし続けます。こうした規律や作法が「枠」となって社員の思考や行動を縛る調整文化の影響が強い環境の中では、考える力が育つはずがないのです。

どうすれば調整文化のマイナスの影響を排除し、考える力が育つ環境を手に入れることができるのか、これが令和の時代の日本企業にとっては最重要なテーマです。

今日は、**VUCA**[*]の時代と言われます。つまり、需要は伸びず変化の方向が読めない、どこの何が変わるのかわからない、何が全体で、どんなファクターが自社に影響するのかもわからない、という不確実な経営環境です。

VUCAな時代に対応するには、ビジネスモデルの転換をはじめ、経営も新たな方向へ舵を切らなければなりません。そのためには、**「調整文化」**の弊害をあらためて**「挑戦文化」**を強めていくよう、できるだけスムーズに集団の価値観や仕事に対する取り組み姿勢を変え

＊　VUCA（ブカ、ブーカ）は、Volatility（変動性）、Uncertainty（不確実性）、Complexity（複雑性）、Ambiguity（曖昧性）の頭文字を並べたものです。これは、企業の拠って立つ前提そのものが大きく変わったことを表すキーワードです。

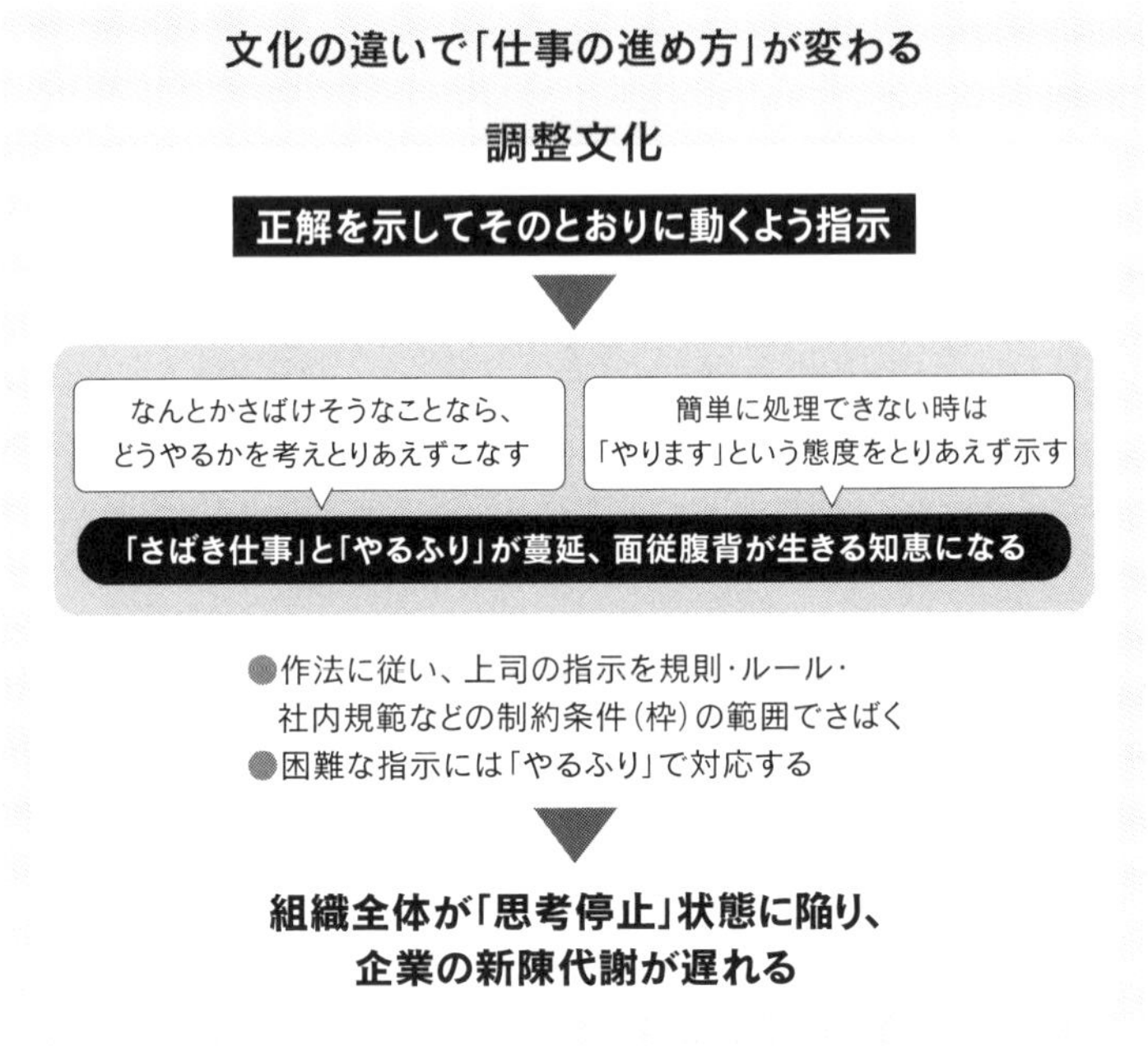
文化の違いで「仕事の進め方」が変わる
調整文化
正解を示してそのとおりに動くよう指示
なんとかさばけそうなことなら、どうやるかを考えとりあえずこなす
簡単に処理できない時は「やります」という態度をとりあえず示す
「さばき仕事」と「やるふり」が蔓延、面従腹背が生きる知恵になる
●作法に従い、上司の指示を規則・ルール・社内規範などの制約条件(枠)の範囲でさばく
●困難な指示には「やるふり」で対応する
組織全体が「思考停止」状態に陥り、企業の新陳代謝が遅れる

ていく方法が必要です。その起点として、まず経営陣から身をもって変革プロセスを先行させる必要があるのです。

まさに「経営革命」とも言うべき転換には巨大なエネルギーが必要です。それを引き出すためには、いくら優れた能力を持つ社長であっても、社長一人の力だけでは不可能です。役員と一体のチームをつくることで役員の力を引き出すしか方法はないのです。

本書で取り上げる「経営チームビルディング」は、調整文化の持つプラスの要素である日本的な「共感力」という優れた特性を生かすことで、日本の強みに根ざす

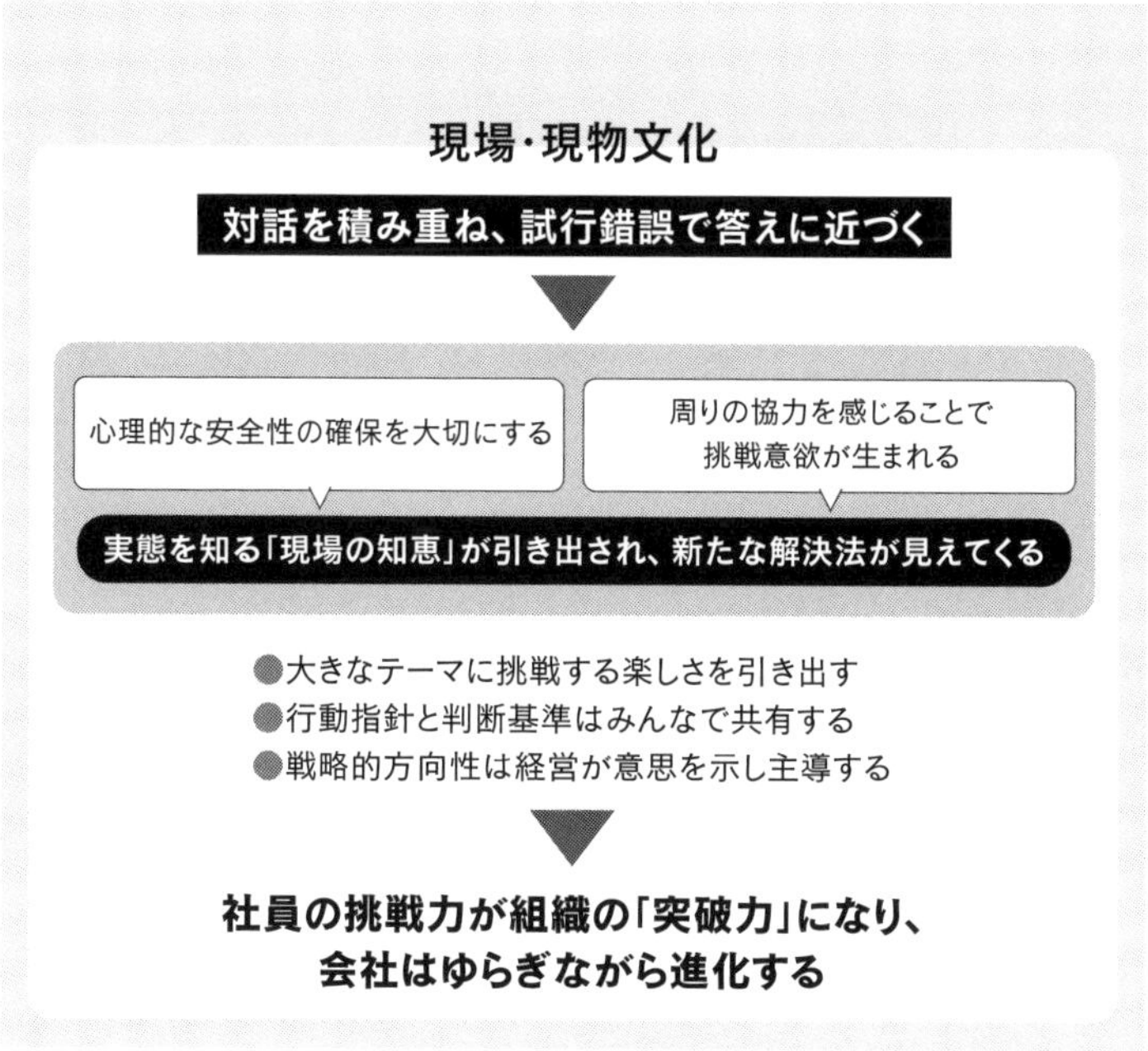
現場・現物文化
対話を積み重ね、試行錯誤で答えに近づく
心理的な安全性の確保を大切にする
周りの協力を感じることで
挑戦意欲が生まれる
実態を知る「現場の知恵」が引き出され、新たな解決法が見えてくる
●大きなテーマに挑戦する楽しさを引き出す
●行動指針と判断基準はみんなで共有する
●戦略的方向性は経営が意思を示し主導する
社員の挑戦力が組織の「突破力」になり、
会社はゆらぎながら進化する

「挑戦文化」を後押ししようというものです。日本企業が、この人的、組織的な資源を強みとする**新しいスタイルの日本的経営**を手にすることができれば、今度こそ「失われた30年」に終止符を打ち、変化対応力の高い文化とプロセスによって企業価値を高めていくことができるのです。

【伝統的な調整文化の規範】

組織の安定を第一として維持する（集団の秩序を守り、混乱を回避する）
礼を重んじ序列に従う（上に忠義を尽くし服従する）
規律を守り、立場をわきまえる（組織人の作法を心得て、空気を読んで動く）
上の人間が正解を持つ（タテマエの方針、指示は絶対として従う）

【組織の作法・心得（メンタリティ）】

失敗はあってはならない
空気を読む、場の空気を乱さない
上位者には黙って従う
出る杭はすぐに打つ
よけいな波風を立てない
分《ぶ》、立場をわきまえる
上司に恥をかかせない、上司に手柄を献上する
言わぬが花

2 「平成の失敗」を繰り返さない

「延命」のための合理化が新陳代謝を遅らせる

「敗北日本　生き残れるか」という記事が平成31年1月30日付の朝日新聞で1面トップに掲載されました。そこで日本を代表する経営者団体である経済同友会の当時の代表幹事・小林善光氏が「平成の30年間、日本は敗北の時代だった」という自身の発言について説明しています。

小林氏は、〝日本が二度目の敗北に直面している〟という危機感を表明し、この事実を正確に受け止めなくては再起はできない、と語ります。企業の盛衰を反映する国のGDPでも伸び悩む日本に対して、米中は倍々ゲームで伸ばしていっている。もはや日本を引っ張る技術もない。米中間でせめぎ合いが続く通信の世界でも後れをとり、次世代規格の通信技術5Gでも日本メーカーのシェアはごくわずか。AIやロボットなどこれからのテクノロジーの発展を支える基幹技術でこのありさまでは、敗北と言わずに何を敗北と言うのか、といった話です。

平成の30年間を通じて、日本の経済成長は鈍化し、２０１８年の国際競争力ランキングではＯＥＣＤ加盟35カ国中で26位、企業の世界時価総額ランキングを見てもトヨタ自動車がようやく40位に顔を出すだけ、という凋落ぶりです。そして生産性の伸びは驚くほど低い水準にまで落ち込み、現在の生産性といえば、日本はコスト削減に励み、社会問題になるほど長時間働き続けているにもかかわらず、先進国中では最低水準まで落ち込んでしまいました。

さらにいえば、国連がまとめた世界幸福度ランキング２０１７でも、日本は前年よりも幸福度が低下し、Ｇ７主要国中では最下位です。

世界的に見ても、生産性だけではなく幸福度まで低下させてしまった今の日本。新産業時代が幕を開け、成長の踊り場となった平成の時代に着手しなくてはならなかったはずの、〝時代に取り残された部分は捨て去り、未来に向けて新しい日本をつくる改革〟、いうならば「新陳代謝をめざす改革」は先送りされてきました。

平成の時代を通じて、日本は改革の努力をまったくしてこなかったわけではありません。

日本企業が進めてきた改革の中で一定の成果を上げたと言えるのは、徹底した合理化です。ここでいう合理化とは、体系化された合理化思想と手法をベースにしたコスト構造の改革です。大規模なリストラによる事業や人員の整理、非正規化に加え、ＩＴ化による業務の効率化を進め、労働分配率を下げ、経営基盤の見た目での健全化、バランスシートの正常化にはそれなりの効果を上げました。しかし、それは結果としてみれば、付加価値を高めていくことにはつながりませんでした。あくまで一時的な「延命」のための改革にすぎず、次の世代にツケを残すことになったのです。

すぐに死なないための努力はしてきたものの、自分たちのビジネスや経営が立脚する過去の常識や前提を見直し、複雑化する令和の時代に向けて脱皮していこうという経営の挑戦は、ほとんどといってもいいほど起こっていません。つまり、日本企業の改革の多くは、縮小均衡的な合理化に限定されていたということです。

お家芸だった「チームワーク」も崩壊

もう一つ、「合理化」によって失ったものがあります。日本のお家芸と言われた「チームワーク」がもたらしてきた勢いと躍動感です。それは、調整文化のプラス面が発揮された日本的経営の強みでした。

高度成長時代の日本企業は、目的に向かう時、互いの濃い関係性をベースにした「連携力」を発揮していました。この連携力は、時間的なゆとり、ある意味では経済合理性を持たない空き時間（社員旅行・飲み会・サークル活動など）を活用して自然に培われてきたものです。この職場の家族的な人間関係をベースにした日本的なチームワークがあったからこそ、海外企業とも互角以上に戦うことができたのです。

しかし、平成に入って経費削減のための合理化が進み、人員も削減され、正規と非正規に社員は分断され、職場には隙間も余裕もなくなりました。それにつれて、時間的にも精神的にも余裕があったことで培われていた〝社員間の緊密な連携性〟は急速に薄れていきました。日本企業が合理化によって効率重視の機械論的組織に進化していったことで、それまでにあった隙間がなくなったのです。

つまり、人々がその隙間を利用し、関わり合って織りなしてきた創造性やダイナミズムのベースとなる環境がごっそり失われてしまったのです。

もともと、日本企業ならではのこうした緊密な連携性は、目的や再現性を意識して用意されたものではありませんでした。余裕も許容できた高度成長の時代性を背景に発生したものだったため、その環境が変わると共に消えてしまったのです。

そのこともまた、日本企業の国際競争力の低下や社員の幸福感の喪失につながっています。

方向転換のハンドルが利かない「掛け声倒れの経営」

column

社長になってみたら、経営の操縦桿がどこかで外れていた

少し前になりますが、1年前に社長に就任したばかりの大企業の社長と話をする機会がありました。1年も経てば感じることもいろいろあるだろうと、「社長になってみてどうですか」というふうなことを聞いてみたのです。

その時、彼がしみじみと言いました。「社長になったら、自分の思うように会社を動かせるものだとなんとなく思い込んでいました」と。

役員時代に考えていた新しい方向に会社を動かしていく改革を、思いどおりに進めていけるのではないかと思って社長になった。ところが実際に社長になってみると、当初、自分が持っていた思惑はまったくと言っていいほど外れてしまった、というのです。

彼は言葉を続けました。

確かに、今のところ我が社は日々の飯を食うことには不自由していない。しかし、このままでは、おそらく10年は持たないのではないかと私は思っていた。だから、社長になってからは、まず役員陣にこの話を何回もした。

皆さんは賛意を示してくれたし、特に反対意見を言う人がいるわけではない。でも、だからといって自分から何かをしようと話したり、動いたりしてくれる人はいない。「役員として会社の将来をどう考えているのか、まるで意見が出てこなくて他人事みたいなんです」

もちろん、「これをする」という具体的な話ではなく、まだ問題意識をぶつけている段階ではある。だから、「みんなにも話し合って考えてほしい」と真剣に投げかけたつもりなのだが、時間がたっても何かが動いている気配がない。みんなで話し合った、という話もない。お願いすると、そのつど、「わかりました」という返事はちゃんと返ってくるのに。

「なんとなく、社長になって操縦桿を握れば、船は思いどおりに操縦できるものと思っていたんです。でも、実際には操縦桿がどこかで外れている。そのことに気づくまでに1年もかかってしまいました」

彼は初めて味わう社長の孤独な胸の内を明かしたのです。

私の知る限り、同じような感覚を持つ大企業の社長は決して少なくありません。トップの役割は「経営の舵取り」とは言うのですが、まず舵が利いているようで利いてない。進路を変えるために方向転換しようとしてハンドルを切っても、車軸にその力がまったく伝わらない状態なのです。

組織人にしてみれば、上の言うタテマエ（と思って自分が受け取っている方針）をまともに受けていたら身がもたないから、心の中では「できるわけがない」と思いつつ、表向きは「やる姿勢」を示して従う気配だけは見せ、アリバイをつくっておく。こうした「面従腹背」は、処世術として組織にひそかに定着しています。

しかし、経営のハンドルを握るトップにしてみれば、これほど不可解かつ理不尽なことはありません。たとえば、担当役員から計画の進捗報告を聞いても本当のところはどうなっているのかよくわからない、スタッフの返答だけでは施策の実効を判断しかねる、まるでブラックボックスの組織を抱えているような状態に立たされてしまうのです。

これによって、方向転換のハンドルを切ろうとするトップの掛け声は腰を折られていきます。

もちろん、誰も悪意があってそんなことをしているわけではありません。役員は役員なりに、みんな自分の持ち場で、自分の役割を果たそうと一生懸命です。努力をしていないわけではない。個々には決しておかしなことを考えているわけではないのに、それが経営のハンドル操作を空回りさせてしまっている現実、そうならざるをえない現実がある、ということです。

ほとんどの役員は、自分の持ち場、自分の担当範囲以外のことには、まず関心を持っていないのです。

たとえば、全社的なテーマを役員で話し合って推進するよう社長から指示があっても、それが関心外の領域だと、意味や中身を自分で埋めるだけの情報がありません。結果として〝悪意のない前向きな返事〟をするだけでお茶を濁してしまうのです。

お膝元の役員が、悪意はなくとも結果として社長の意思を消散させてしまっている状態は、改革のブレーキになるだけではなく、経営の機能不全につながっているだけに深刻です。そこに手を打たずして、新陳代謝の改革は始まらないのです。

3 全社機能を回復する経営チーム革命へ

社長にも「答え」はわからない——時代は「仮説の経営」へ

数年前ぐらいからでしょうか、日本の看板になるような大企業のトップの発言が変わり始めました。

それまでの大企業トップといえば、先を見通して具体的な中長期のビジョンを描き、それを自分の答えとして、そして意志として明確に打ち出す、という強いリーダーシップを示すことが当たり前でした。そこに安定成長、堅実経営へのアピールが見られなければ市場も社内も納得しなかったからです。

そういうトップの何人かがある時期から（依然として掛け声倒れの状態は変わらないにせよ）、「私にも答えはわからない」という勇気ある言葉を口にし始めたのです。

これはどういうことでしょうか。

かつて右肩上がりの時代は、内需拡大の基調に乗ってビジネスが成長した時代でした。昨年うまくいったことを繰り返していけば、昨年対比で売上も伸びる。そんな成功体験の経験値の積み重ねがものを言う時代だったのです。

ところが今日はＶＵＣＡと言われる激動の時代です。そこで出現してくるものは経験にないものばかりですから、過去の成功体験が答えとして適用できません。平成の時代に始まった地殻変動的な変化は、令和になっても複雑さを増す一方です。だとすれば、令和の経営には、今までとは違った新たな思考とプロセスが必要になるのです。

変化の激しい今の時代は、これまでの常識や前例を離れて「考え抜くことで答えを探っていく」創造的な思考と、同時に、決めるべきことをスピーディに決めて試行錯誤を展開するプロセスとを両立させていかなければなりません。これは、意思決定を担う身にとっては多角的に物事を見る目を持っていることが要求される難問です。

こうした葛藤の中で、もはや誰にも答えが持てなくなっている現実を直視し、それを新たな前提として受け入れたトップたちが発言を変え始めたのです。このことは、企業が平成という時代の失敗から抜け出し、生まれ変わっていくための大きな一歩だと私は感じています。

「役員の変化」を打開の糸口にする

経験値が意味をなさない世界では、やってみないとわからないことがたくさん出てきます。そんな状況に置かれると優れた人間であればあるほど、一人の人間が考えられること、やれることには限界があることはすぐにわかります。この嘘のない現実認識と、それを前提にしてチームで一緒に考えていく、動いていくことが大事なのです。

「役員は変えられない」は、日本企業の定説

多くの企業人は、担当部門の利益代表として君臨してきた役員たちが、今さら立場を超えて相談し合える仲間になり、会社のために本気で改革をリードする存在に変わっていけるとは思っていません。

「役員は変えられない」は、日本企業の定説であり、常識だったのです。

何といっても、○○天皇と呼ばれたりするように、それぞれがかつての成長時代の流れを受け継いだ実績で功成り名を遂げ、評価されて昇進してきた役員たちだけに、過去の価値観、

組織文化の権化でもあります。誰にも手出しができない〝城主〟としての立場やふるまいを守ることはあっても、それを自ら手放すことなど考えられません。

「今の役員たちは年齢を考えても簡単に変わるとは思えない。もう何年かで卒業していく人たちにエネルギーをかけるくらいなら、むしろ見切りをつけて、次の世代の幹部を育てたほうがいい」と考える社長も少なくないのです。

もちろん年齢に関わりなく、役員の中にも新しい時代感覚の持ち主はいます。しかし、全体としてみれば化石化しているようにも見え、変わる見込みがほとんどないのに、今さらそこに時間と労力を割くのは費用対効果が悪すぎる、と思われていたのです。

つまり、上からも下からも、じつは一種の「アンタッチャブルな存在」になっているのが日本企業の役員だとも言えるのです。

「もしも、役員が腹を割って本音で議論できるチームになれば、どんなに経営の視界は晴れて、舵取りが楽になるだろうか」と、多くの社長は間違いなく「経営陣が一枚岩になる」ことを心の奥底では望んでいます。

しかし、ほとんどの社長が経験上、「互いに利害関係が複雑に絡み合っている役員たちがチームになるのは無理」「チームにする手立てがない」と半ばあきらめてフタをしてきました。言ってしまえばそれだけの理由で、平成の時代のさまざまな改革においても、役員層は改革対象から外されてきたのです。

これまで日本企業のタブーとして手が打たれることはなかった「役員層」は、そのパワーと影響力ゆえに、長期にわたって企業の新陳代謝を妨げてきた〝アンタッチャブルなネック〟だったのです。だとすれば、このネックに手を打つことができれば、そして役員の持つ本当の潜在力を引き出すことができれば、それは長期にわたる調整文化の負の連鎖を断ち切るターニングポイントになります。環境変化と共に自らも自在に変化していく挑戦文化の企業に変わっていくために、転換の突破口がそこにはあるからです。

階層を超えた「経営チーム」が全社的にリーダーシップを発揮する

条件さえ整えば、役員は自ら変わり、経営を引っ張る仲間になる

結論からいえば、「役員が腹を割って話し合い、協力し合えるチームになる」ための手立てはあります。私たちのリアルな模索と経験の積み重ねによって、最近になってからですが、それは思われているほど難しくはないことがわかってきました。

役員も、一人ひとりは個性の味わいがあり、志や思いを持つ人たちです。会社のことを大

切に思い、できれば会社がうまくいってほしいとも願っている。その役員からすれば、「役員はやるべきことをやっていない」「上がりの座に座っているだけ」といった周りからの一方的な決めつけは、心情としては極めて不本意なのも当たり前です。

仮に、悪意を持って「役」を乱用したり手を抜いたりしている人はいるとしても、極めてレアなケースです。そこにチームビルディングの可能性と方法を見出すことができるのです。

本書のケースストーリーで描いているように、「役員のチーム化」はしっかりと時間をかけた「用意周到な準備」「役員合宿」「変革を継続させるアフターフォローの展開」といったプロセスをうまくデザインすることで可能になります。この実践方法は第Ⅰ部第3章で詳説しています。

「役員のチーム化」が本格的に開始されると、それによって役員が変化するだけではありません。社長の動きもダイナミックになり、そのリーダーシップがより効果を発揮し始め、社長と役員が仲間として連携していく「経営陣のチーム化」に発展します。さらに各部門での「次世代幹部候補の経営チーム化」などが進んでいけば、組織・階層を超えた幹部層のネットワーク化によって、今までにないスピード感で会社変革が進んでいきます。

このように、トップ層が一丸となって組織文化の壁を打破し、新陳代謝の価値観に基づく経営のダイナミックなプロセスを獲得していく取り組みは、**「経営チーム革命」**と呼べるものかもしれません。

過去にあった全社一斉で機械的に展開していく改革活動とは異なり、経営チームビルディングを起点とする変革は、組織・階層を超えた経営のための大きな連携をつくり、自分たちの手で自分たちの会社を変えていく、持続的な変化のための取り組みです。

そして、その大きな連携の一環として、次世代幹部候補は経営視点を持って部門トップの参謀機能を果たすようになり、部門トップの役員たちは社長の参謀チームとして経営の難課題に取り組んでいく、という柔軟なネットワーク型の体制が生まれるのです。

その意味で、「役員合宿」などのデザインによって役員チームを本物にしていくことは、会社（とりわけ大企業）の根本的な改革の起点として極めて重要なのです。

第I部

問題解決の突破口

挑戦文化へのパラダイム転換のための打開策

第I部では、ケースストーリーのモデルとなった企業で現実にあった改革の出来事を参照しながら、日本ならではの最強の経営チームビルディングとは何か、役員チームの障害になっている壁をどう突破するか、どうすれば「調整文化の桎梏」を克服して本物のチームになれるのか―を実践的に解説していきます。

第2章

「役員の壁」を打破する

挑戦型の経営チームをめざして

CASE STORY 2

ゆらぎと打開の役員合宿

「言ってもいいなら」――あふれ出す問題意識

役員の本音に社長、驚く

橋本社長に対し、役員陣がそろって連判して不振事業の再建案を提出した。この会社始まって以来の出来事をきっかけに、東洋精電は延命を続ける守りの経営から脱皮して攻めの改革へと、大きく舵を切ることになった。

相互不干渉の役員たちが殻を破って新たな関係性を構築したチームビルディングの発端は、後に事務局を担うことになる人材開発室長の浜田慎介が、橋本社長の意を受け、経営プロセスのデザイナーである水島正雄を訪ねたことに始まる。２０１８年６月のことだった。

浜田からひととおりの事情を聞いた後、本題に入った水島は、役員のチームビルディングについての詳細な説明といくつかの助言をしてくれた。まず１泊２日の合宿を起点とすること、そして、その準備としては最低２カ月、理想的には３カ月の期間が必要だと語った。

　2018年7月、橋本社長とプロセスデザイナー水島との面談が設けられた。橋本にしてみれば、水島の本を読んだ後、ダメ元でもいいから声だけかけてみようというくらいの気持ちだった。「たかがと言っては申し訳ないが、1泊2日の合宿をするのに、なんで2〜3カ月もの準備期間が必要なのか、もっと早く進められないものか？」というのがこの時の正直な気持ちだった。

　面談では、将来の経営のビジョンや役員に対する期待といった想定どおりの質問もあったが、最も詳細に聞かれたのは「社長としての葛藤は何か？」という点である。水島はやんわりとした語り口で質問をしては耳を傾ける。橋本はいつのまにか構えをなくして正直な気持ちを口にしている自分に気づいた。

「風通しを良くするように言っているから、事業部長同士が情報を隠すようなことは少なくなったが、今でも縦割り意識は強い」「今の経営陣の会話は大人の会話になっていて、経営会議では私（橋本社長）ばかりがしゃべってしまう」といった役員への不満とその裏にある期待、自分の使命はわかっていてもままならない現実との葛藤や会社の将来に対する橋本の思いが語られた。

　社長との面談に続いては、合宿に参加する7名の役員全員に対する個別インタビューが行なわれる。まだ優先順位がそれほど高くなかったこともあり、多忙な役員の日程調整は困難を極め、全員が終わった時には9月も末になっていた。

役員インタビューにはプロセスデザイナーの水島に加えてパートナーの堀尾浩司が同席する。前の社長面談で明らかになった「社長としての葛藤」をフックにして、一人ひとりの問題意識が深い部分まで引き出されていった。

これらのインタビューの膨大な議事メモは、堀尾が「役員陣の問題意識」として整理し、50項目に及ぶ問題の指摘が一覧できるようにA３判のマインドマップに加工された（第3章参照）。

社長の橋本に対して、「役員インタビュー結果の報告」のために2度目の面談が実施されたのは11月のことである。プロセスデザイナーの水島と堀尾に加え、取締役人事部長の武藤が同席していた。インタビュー結果をまとめた堀尾が配布したマインドマップを示しながら役員たちが語った問題意識を淡々と紹介していく。

初めは平静に聞いていた橋本だが、堀尾の説明が進み、役員陣の問題意識の核心が明らかになるにつれて表情がこわばり始めた。橋本の目はマインドマップに釘付けになり、息を詰めてA３の紙を食い入るように見つめている。

社長としての自分の思いが役員に伝わっていないだろうこと、役員同士の意識がバラバラであろうこと、担当範囲以外に関心が向いていないだろうことなどは想定していた。しかし、実際に「役員問題意識のまとめ」と題した資料に書かれていた内容は、衝撃を覚えるほど予想外の問題指摘の塊だったのだ。

役員たちがここまで辛辣に今の経営のあり方に問題を感じているとは思ってもみなかった。社長の橋本にしてみれば、普段の言動を見る限り「危機感がない」とか「主体性が足りない」と感じてしまう役員たちなのだが、その内面には強い問題意識を宿していたのである。何とはハッキリとはわからないが、役員に対する自分のこれまでの理解が根本的にどこか違っているのかもしれない。見ている世界が一瞬にして塗り替わったのである。

《第3章　CASE STORY③（104ページ）に続く》

1　経営チームビルディングとは

ビジネスの新陳代謝を強力に推し進める突破力

ケーススタディーでは、「事業再建」と「ビジネスモデルの転換」が新しい道を切り拓く企業改革の経営課題として浮上していました。

これまで述べてきたように、経営者にとって、非常に大切な変革期の経営判断のコンセプトに、「新陳代謝」の推進があります。時代に取り残されていく事業の延命治療のための努力をするのではなく、変化する環境に対応して持続していく会社にするため、できるだけ早い時期に新陳代謝を促進するプロセスを獲得し、実行するのです。

新陳代謝とは、「古いものが新しいものに次々と入れ替わること」を言います。たとえば、将来にあまり期待の持てないような事業であれば、できるだけ早く売却するなど何らかのやり方で店じまいを考え、そこで働く人材も可能な限り、次の事業に振り向けていくためのサポートをするのが新陳代謝です。その事業を生かすことしか視野に入っていない場合は、どうしても延命治療に走りがちになります。

新陳代謝には、積極的・抜本的な手を打つことが欠かせません。たとえば「ビジネスモデルの転換」のための経営戦略を実行するためには、企業買収・合併や新規事業投資なども必要になります。

このような経営判断には、会社の未来と経営の全体を見渡す高い視座が必要です。

そして、会社がたえず環境と共に自らを変化させていく新陳代謝を実行するためには、社長と同じように高い視座を持って経営判断ができる能力を持ち、めざす方向を共有して協力していく経営幹部のチーム化が不可欠です。もし本当に経営陣がそういうチームになることができるとするなら、平成の時代とは違う戦略的な、常識を超えた挑戦や思い切った改革も格段に進めやすくなるのです。

本書でいう「経営のチームビルディング」は、役員のコミュニケーションを良くして役員同士が仲良くなることが目的ではありません。

役員が互いに慎重に距離を置いているうちは、業務に最低限必要なことを伝え合うだけでした。今までも当たり障りのない趣味の話などをする時は、親しげに、しかし適度な距離を保ちつつ話はしています。しかし、肝心な仕事の話の場合、お互いに言いにくい話は自然に避けるのが大人のたしなみでした。

言い換えれば、本当に重要な経営判断に関わる話し合いはなされていなかった。込み入った話や話しにくいことも含めて互いに踏み込み、本気でぶつかり合う、いうならば**「仲の良いケンカ」**ができる関係性にはまったくなかったということです。

ガードを解いてタブーを破る「仲の良いケンカ」の環境をつくる

これまで述べてきたように、日本企業の役員もチームになることができます。もちろん、簡単ではありません。しかしやり方さえ間違わなければ、かなりの確度で役員はチームになれるのです。

その可能性を後押しするのは、日本人の持つ「共感力」の強さです。そのことを踏まえて、私たちがオフサイトミーティング（＝気楽にまじめな話をする場）で行なう「ジブンガタリ」では、日本人の共感力がプラスに働くよう、気楽にまじめな話ができるように安心、安全の環境をつくります。

もちろん、役員ともなると、自分の立場とタテマエを守ろうとするガードは非常に堅固なため、「ここまで言ってもいいんだ」というハードルを下げるための準備は周到に行なう必要があります。そうやってハードルを前もって下げ、心理的な安心感でセーフティネットをつくることができれば、ジブンガタリによって確実にお互いの距離は縮まります。

そのうえで、質の高い議論をするためのカギになるのは、話の流れの中で「どのような問いが立てられるか」です。初めから準備しておくのではなく、あくまで出てくる話を糸口にして問いを立てていきます。また、そこで出てきた話をマインドマップなどに整理して、みんなで眺められるようにすることなども議論の質を上げるポイントになります。このようにして、お互いの心理的な距離を縮め、話しにくいことも安心して口にできる話し合いを体験することで、本当に大事なことを本音で議論できる関係性が築かれ、チームの基盤がつくられるのです。

役員同士の話し合いの最初の段階は、今までなら決して口にしなかった自部門の弱み、みんなの協力を必要としている問題点などを口にすることができるようになることです。そこから徐々に、今度はチームとして一緒に考え、動いていく経験を足場にしながら、次第に「仲の良いケンカ」もできるようになっていきます。

役員のチームづくりでは、まずこの「仲の良いケンカ」ができるようになることを一つのゴールにしています。ちなみに「仲の良いケンカ」という言葉はトヨタ用語です。仲の良いケンカができるようになるということは、経営がチームとしてもレベル3か4程度になってきていることを意味します（第3章図表3－6「役員陣のチームレベル」）。

トップの参謀機能を果たす
役員の視座と思考を高める

本書で投げかける重要なポイントの一つは、「経営の方向転換を推し進めていく当事者になること」が役員の最初のミッションである、ということです。そのためには、それぞれの役員が経営トップの思いを自らの身をもって周りに伝える、参謀としての役員の働きが重要になります。

そのミッションを果たすための新たな体制をつくる経営チームビルディングにおいては、メンバーの視座を高めていくため、議論の場に経営戦略ツールを導入しています。これは外部の戦略コンサルタントや経営企画スタッフ任せにならずに、役員自身が自社の全社戦略を検討し判断する力をつけるため、その思考を鍛え、プロセスを経験する戦略思考トレーニングのような意味あいです。

実際問題として、役員クラスが自社の事業、自部門の事業の実態を本当に把握できているのかというと、定期的に事業部から上がってきた〝報告される数字〟という一面で見ているだけのケースも少なくありません。また、従来は事業部同士がお互いの事業に口をはさむようなこともありませんでした。そんなことから、見えにくくなっている自社の事業の現状の問題をありのままに把握し、分析・判断します。さらに、進むべき方向をチームで一緒に考えるためにも、本音を隠さず、腹を割って話し合える関係性をベースにして行なう戦略議論は有効なのです。

このような経営の核心に関わるテーマの議論は、経営チームビルディングならではの内容です。自社の重要課題を一緒に考えることで、役員それぞれが立場を超えて経営全体を見るようになる視座と思考レベルの変化が生まれ、社長の参謀機能を果たすチームとしての役割も形成されていくのです。

もう一つ、役員がチームになることで起こる変化といえば、役員同士が互いに参謀の機能を果たすようになるということです。

ここでいう参謀機能とは、本人が直接伝えたのでは伝え切れないメッセージを、別の人間が自分の意思を乗せて伝える役割を果たす、ということです。いわばメッセージを伝えるための援軍の役割です。

2　変わる時代とリーダーの役割

これまでの調整文化が深く根づいた日本企業では、役員のミッションや役割は限定的なものでした。ここでは時代ごとのリーダー像をふり返りながら、ＶＵＣＡな時代、令和の役員について考えてみましょう。

経営や役員の役割は、いつの時代も変わらない固定的なものではありません。背景的必然性によって、求められるリーダー像は変化してきています。

昭和の経営リーダー【率先垂範型】

経済は一本調子の右肩上がりで、量的ビジネスの拡大期。頑張りのカロリーは求められても、平成ほどの変化を求められることはありませんでした。この時代は、集団（主義）で一丸となって現状の拡大路線を推進していく、イケイケドンドンの率先垂範型リーダーが結果を出してきました。向かう方向も、やるべきことも〝現状路線をひた走ること〟とはっきりしているため、この頃はまだ体当たりが効いて、挑戦文化の勢いもあったのです。

所得倍増の時流の中で、みんな精力的に働きながらも、雑談や飲み会などで社員同士が密に関わり、仕事の面でも、有志が集まってこっそりスカンクワークなどでアイデアを試す余裕のあった時代。リーダーも個別に部下のプライベートの相談に乗ったりして踏み込んだ関係を築き、面倒を見る余裕がありました。少なくとも孤独な社員が今ほど多くはなかったのです。

この時代は、現場発の現地現物を大切にする挑戦文化と、本社スタッフ発の調整文化がうまく働き合っている時代でした。

平成の経営リーダー【コストカッター型】

平成の時代は、市場開放、グローバル化が推進され、高度情報化も進んでデジタル社会に突入します。IT化の波もどんどんビジネスに及んで、産業構造や経営環境が激変し、昭和のビジネスモデルが通用しなくなっていきます。世界的に成長分野や成長モデルが見えなくなる混沌とした時代が始まりました。

時代の変化が平成の役員に求めていたのは、その「ありようの根本からの変化」だったのです。

平成の役員は、経営環境が厳しくなる中で、昭和ほどの余裕がないまま変化を迫られます。しかし、物事の本質に迫っていく、という考え方にそもそも馴染んでいなかった経営は、「何が本当の問題なのか」を深掘りする習慣もなく、「どうやればいいのか」に向かいます。結果として、着手が難しく時間もかかる価値観や行動原理、組織の文化を刷新することは棚上げにされ、代わりに目先の合理化に走りました。

多くの企業が業績悪化に対する対応策として一斉に構造改革、合理化に走り、すぐにできる人員・設備・資産の整理によって財務面の健全性を保つ努力を続けました。

そんな縮小均衡の合理化であっても、目先の成果はそれなりに得られます。役員は自分の上げた手柄としてその小さな成功体験（＝合理化効果）を大切にします。それは強みに集中し、価値を高めていく本質とはかけ離れた「本質的なムダをいっぱい含んだ目先の合理化」だったのです。

改革という名のもとに、その先のビジョンがないまま、効率重視のコスト削減ばかりが進みます。正社員を非正規に変え、利益を増やし、株主に還元することが最低限必要とされたからです。しかし、本来、平成の時代が経営陣に求めていたのは、長期的な視野に立って「自社は何で生きていくか」を問い直し、一刻も早く新たなめざす方向へと会社を変えていくことでした。

トップは「今までの常識を捨てよ」「挑戦が大事だ、チャレンジしよう」と掛け声を掛け続けます。しかし、残念なことにいつもスローガンに終わってしまいました。トップを支え、一緒に方向転換を進めるべき役員は、調整文化の空気を漂わせ、担当部門の長としての立場を変えないままでした。

令和の経営リーダー【プロセスデザイン型】

企業が平成の調整文化を引きずったままでは日本経済の再起も困難なことは明白です。人口減・超高齢社会に足を踏み入れていく令和の時代こそは、調整文化を克服して、挑戦が生まれる文化を取り入れていかなければなりません。残された時間はあまり多くないのです。

その突破口になるのは、「上にならえ」で動くのが当たり前の人間が多数を占める組織だからこそ、上が「下にただハッパをかけるだけ」では何も変わることはない、という厳しい現実を認識することです。

つまり、「上」である自分自身がつねに変わり続けていくこと、経営チームの一員として真のミッションを果たすことこそが役員としての不可欠の姿勢であることを、周りに示すことです。それによって、全社にチームビルディングの文化を広げ、新陳代謝が促進される文化をつくっていく、という意志を示す必要があるのです。

まず役員自身が「枠」を外し、伝統的な組織の作法に沿って仕事をこなすのではなく、意味や目的を問い直すことで洗い出される優先順位の高い課題に集中していく動き方に変える。そのために、変えていくべき価値基準を自覚し、自分たちで新たな「軸」となる価値基準を構築し共有していくのです。

予定調和型ではなく、「軸」を共有して試行錯誤で不確実な状況に対応していく、変革のプロセスをデザインするリーダーが求められています（第4章を参照）。

3　役員がチームにならないと突破できない難課題

社内外にもたらす役員チームのインパクト

〝これまでの経営の延長線上には将来がない〟と多くの人が感じているのが、令和という時代です。この変化の激しい環境に企業はどう対応していくのか、経営に責任を持つ立場の社長に対して、従来とは異なる企業価値を高める株主からの期待と圧力も強まっています。社長として経営を新しい方向へ転換するために企業変革を進め、危機を乗り越える宣言をするなど今や当たり前と、社員やステークホルダーの注目は一段と社長のリーダーシップに集まります。

問題は、社長一人で会社全体を新たな方向にリードするのは今のままだと極めて難しいという現実があることです。この傾向は、伝統ある会社、ビジネスモデルが長年安定している会社ほど顕著に見られます。

今までどおりに業務をこなしている限りでは特にその必要性を感じなかった、「周りにいる役員との協力や連携」といったテーマが、新しいことに挑戦しようとする時、初めて顕在化し、難課題となって行く手を阻むのです。

役員たちがよほど本気になって協力し合い、一丸となって挑戦文化の価値観やルールで動かない限り、その下にいる本社スタッフたちは今までどおりの調整文化的な判断で行動します。本社の中枢を占める優秀なスタッフの仕事の仕方に変化を求めようというなら、役員がチームで新たな規範を示していく行動が必要です。

調整文化の特性である〝立場に沿って業務をさばくこと〟が求められてきた、という意味では、経営陣も、さらにその直下にいるスタッフも例外ではありません。その常識を先頭に立って塗り替えていくリーダーシップを社長と共に社内外に示すこと、そこに役員のチーム化の大きな意味とインパクトがあるのです。

視座の低さが原因で着手されない「難課題」

「前例踏襲」の価値観を持つ調整文化が幅を利かせている会社で手つかずになりがちなのは、

何といっても、利害関係者が多く、問題が入り組んで複雑化している経営課題への対応です。めまぐるしく移り変わる環境下では、国からも社会からも、海外や市場からも多種多様な課題への対応が経営に持ち込まれてきます。それらは、今までのように単独の部門や部署の対応では解決できない課題です。それは自社だけでは対応できない技術やビジネスにまつわる新たな課題、IRや戦略面で抜本的な改革を要する課題など、誰もまだ経験したことがないテーマなのです。

そうしたテーマの中には「サステナブルな社会」とか「すべての世代活躍」「ジェンダー格差の解消」「多様な生き方の尊重」「グループシナジーの創出」などといった抽象度の高いものも多くあります。

これらの抽象的なテーマは、今までのような体制と進め方で「よろしく頼む」と上が方針を出せば、あとはスタッフ部門が作成した実行計画をトップダウンの圧力で各部に課してやらせていく、というわけにはいきません。「簡単には正解の見えない課題」は、これまでのように号令一下、トップダウンで機械的、効率的に進めることは不可能だからです。

社長が対外的に力を込めて発信しているトップコミットメントであっても、社長と共に経営を担うはずの役員が自分の担当部門の執行責任だけを「我がミッション」と心得ているなら、守備範囲外の〝三遊間のゴロ〟でしかありません。それが仮に会社の将来を左右する課題であっても同じことです。取締役会や経営会議などで議題にのぼりはしますが、それを自分たちの挑戦課題として〝火中の栗を拾う〟役員はほぼいないということです。

こうした帰属先の不明な課題や案件は、往々にして名前だけの責任者や意思決定者が形を整えるだけに終わります。〝領域侵犯〟を恐れず、強い意志を持って取り上げられることがない限り〝魂〟が入らないまま熱のない課題になっていくのは間違いありません。

第1章のケースストーリーで事件として取り扱われた「事業再建」の案件のように、ある種タブー視され、情報がオープンにされていない経営課題も同様です。

日本企業が新たに突きつけられている、これまでに経験のない重要課題の多くは、このように上層レベルで三遊間のゴロ状態になって隙間に落ち、経営として推進する当事者不在になっています。しばしば聞かれる「課題解決が進まない」の主要因は、じつはこうした「課題のオーナーシップの欠如」にあるのです。

役員一人ひとりが経営全体を見る高い視座に立つ

こうした困難な経営課題を解決するために必要なのは、経営全体を見ようという役員の高い視座です。さらには、戦略策定、企業再建といった専門的な知識と経験を持ったプロの経営技術者などからの情報を有効に活用する能力も必要です。自分の担当部門の業務に責任を果たすための判断とは次元の異なる、全社的な経営視点での判断が役員の新たな要件になっているからです。

昭和の時代とは違ってこれからの経営には、組織のメンバー、特に経営陣、およびそのスタッフ陣の持っている意欲や能力（今までは使われることのなかった潜在的な能力を含めて）を可能な限りフルに引き出すことが必要とされています。役員が持っている本来の力を、難局を乗り越えていく突破力に束ねていくことこそが必要不可欠になっているのです。

そういう意味でも、社員の先頭に立つ役員が本当の意味での協力し合うチームになること、そして経営全体を視野に入れることが求められているということです。

役員がチームとして機能することがもたらす意味は、それぞれが担当している部門の経営判断だけではなく、企業の存続にとっても大きく影響します。

それは「チームで仕事をする」という新しい仕事の仕方を会社の中で当たり前にしていくための経営の意思表示であり、大きな転換を創出していくための象徴的な出来事でもあるからです。

最も困難なビジネスモデル転換へ挑戦

突破力を必要とする経営課題といえば、最も大きいのはビジネスモデルの転換です。

従来のビジネスモデルの範囲であれば、経験値がものを言うため、経験豊富な役員はたいていの場合、その経験値を生かして出てくる課題はさばくことができます。しかし、ビジネスモデルを転換しなくてはならない、という場合はそうはいきません。今まで慣れ親しんできた判断基準も変えなくてはならないし、関連する他部署の新たな協力を引き出すことも必須になります。つまり、新たに突破しなくてはならない難課題が山積みだということです。

会社を新たなビジネスの方向にリードする、というのは今までどおりに業務を推進するのとはまったく違う問題が生じます。やったことがないわけですから、当然のこととして、トラブルも多くなり、失敗も頻繁に起こることは明らかです。

そういう、経験したことのない難課題、未知のテーマに取り組んでいこうと思えば、今までの、ただ仕事をさばくのとは違う、別の「取り組み環境」が必要になるということです。目の前にくる仕事をうまく「こなす」のとはまったく違う世界が待っているのです。

そのために必要なのは、仕事に対する姿勢そのものを変えることです。役員をはじめその直接の部下であるスタッフ陣も、今までの調整文化のそれとは違う新たな仕事の仕方を身につける必要があるということです。

このようにして積み上がっていく難課題を本当に解決するには、誰もが不可能と思っていて手がつけられていない役員同士の連携という課題の克服が不可避なのです。

4　日本的な経営チームの可能性

チームで会社を新たな方向にリードする

ある大企業の経営企画の課長が見せてくれた書類には、その会社の現在の経営課題が極めて明確に数多く列挙されていました。

「よく整理されているのですね」と述べると、その返事は「確かにそうかもしれませんね。しかし問題は10年前から書かれている課題と同じであることです」というものでした。

この何気ない会話の中に、今の日本の多くの企業が抱える本質的な問題がそのまま表れていると思います。

時代の変化に柔軟かつ大胆に対処すべき企業の対応力が鈍化してしまったことで、根本的な難しい課題解決は置き去りにされてきました。出口の見えない日本経済の足踏み状態をもたらしている本当の原因は果たして何なのか。その答えは、第Ⅱ部で述べるような「調整文化による思考停止」です。

日本では2020年を境に人口減少と超高齢化が加速し始め、長らく人口増の恩恵を前提にしてきた成長のシナリオを今度こそ見直さなければならない岐路に立っています。世界的にも例のない超成熟社会の行方は、誰にとっても未経験であり、経済の動向にしてもまったく予想がつきません。

令和の企業をとりまく環境は、ますますVUCAの度合いを強めていきます。歴史的に見ても、このように成長ステージが大きく変わる局面では、経営に求められる役割や体制は変わります。自社のめざすものを方向づけする役割、産業の大変動に対応した「ビジネスモデルの転換」など難課題に挑戦する役割、それに取り組むために役員をチームにまとめていく役割など、今まではあり得なかった〝経営陣がチーム一丸となって**全社戦略の舵取り**をしていく役割〟の重要性が増しているのです。

今までのさまざまな改革の試みが空回りを続けてきたのは、企業の内部に調整文化というブレーキが働いていたからです。解決すべき経営課題は明確になっているにもかかわらず、複雑に絡み合うそれらの課題に挑戦するだけの経営としてのガバナンスが利いていなかったのもそのせいです。それだけではなく、対応する社員の内発的な動機を引き出すこともできていません。ただがむしゃらに突き進んでいけばそれなりの結果が期待できた今までと違い、今の時代に一番必要とされていることは、組織の序列の頂点に位置し、最大のパワーを持つ役員がチームになって、全社に「新たな方向と範」を示すことなのです。

変えなくてはならない体制とアプローチの方法

もともと、大企業をはじめとする現在の企業組織の多くは、目標達成に向けて効率的に生産・管理をするための命令系統をベースに、分業体制で「与えられた仕事」をしていく機械論的な組織の設計になっています。この「やるべきことが明確だった」タテ割り分業の組織に、「未経験で正解のない課題を模索し、試行錯誤で推進していく」、つまり単純な目標達成ではなく「めざす状態に近づいていく」仕事の仕方が求められるようになってきました。

しかし、調整文化の上に構築されているこれまでの組織は、上から下まで指示を待って動くように設計されています。ということは、「自分の意思で衆知を集め、責任を持って一人が決める」「各部が連携し、チームで知恵を集めて成果を出す」といった、いわゆる挑戦文化的な仕事の体制、アプローチはそもそも想定されてはいません。通常は課題別に○○推進室のような対応部署を設置したり、プロジェクトとして計画的に活動を展開するケースが一般的です。

経験則がなく「やるべきことそのものが何かわかっていない」新たな課題は、当然、成功確率も低く、失敗するリスクも大きくなります。しかし、現状のままでは、その取り組みは、

「失敗してはならない」「上の指示に従ってこなしていく」ことが要求される調整文化の価値観やルールのもとでは、結果をまず固定して計画的に消化していく従来型のアプローチしか選択のしようがないため、困難を突破する力も期待できません。

そもそも、模索や挑戦を伴う難課題については、指示する上の人間にしても具体的な指示として示せる答え（結論）を持っていないケースが大半です。指示を待ち、思考停止が常態になっている社員が多数を占める組織の場合、答えの定かではない指示では思うように動いてくれないのも当然です。社員は本気では動かず、課題が困難であればあるほど「面従腹背」が起こります。カラ回りの仕事ばかりが増えていくのです。

VUCAな時代、変わる役員のミッション

私たちの前に立ちふさがっている難しい課題に本当の意味で着手するためには、まず課題の起点となる「上に立つ人間」が自分のミッションを見直し、課題の捉え方や取り組みの姿勢を変えることから始める必要があります。

もちろん、過去には、分業体制の中で、それぞれの役員が執行責任を果たし、部門課題と目標を達成することがミッションとして求められてきた歴史がありました。目標達成を部下

に徹底して「やらせる」ことができる豪腕なパワーを発揮する力量が、役員の評価にもつながった時代です。

しかし、転換期の経営陣には、自社のミッションの再定義や、めざすものの明確化など、新たな方向へシフトしていくという一大仕事が課せられています。

一人ではなく経営チームで成果を出す。指示された目標の達成ではなく、多くの知恵やアンテナを生かして試行錯誤で答えを見つけ出していく。そんな挑戦文化の導入をリードしていくことも、今までにない役員の新たなミッションです。

経営トップ一人ではなく、こうした役員の結束と協力によるチームの力があれば、新たな方向に会社全体の舵を切るためのリーダーシップを発揮することができます。

もっと具体的にいえば、第3章で詳述するように、「社長と役員で構成される経営チーム」が全社戦略と部門戦略を一貫して立案・策定し、役員同士の部門間で連携を深めて自ら立案した戦略の実行をリードする、というかつてない機能を果たすこともできるのです。これは他の先進国企業の戦略立案・策定・実行の体制やプロセスとは異なる、**日本企業独自の統合的な方法、「腹落ちした」質の高いチーム経営を可能にする方式**になり得ます。

そのためには、まず役員がこれまでのミッションに加えて、未来志向で会社を方向づけていく新たなミッションを自分のものにしていくことが必要なのです。

【令和の役員 2つのミッション】

1．部門トップとして自分の担当業務の執行責任を果たす
2．全社を見渡し、社長を支える経営チームの一員として戦略的に新たな方向に会社をリードしていく

5 「役員の壁」が改革のブレーキになる

簡単ではない経営陣の一枚岩化

経験にない難課題への取り組みや企業文化そのものに変化をもたらすことも含めて、これからの日本に必要とされている「会社を新たな方向にリードする」という課題は、序列の最上位にある経営陣にしか成し遂げることができない重要なミッションです。

「会社を新たな方向にリードする」という改革を社長が本気でやろうとする時、いったいどういう要件がそろえば社長は「やれる」という自信を持つことができるのでしょうか？

私の知る限り、大企業の社長の多くは、「自分が打ち出している方向性に関して、役員が腹を割って議論をし、共通理解が進んだと感じられる状況ができていること」を心のどこかで望んでいます。

社長が望んでいるのは、経営陣が完全にとは言わないまでも一枚岩になり、力を合わせて会社の舵取りをしていく協力者になってくれることです。しかし、実際には、多くの会社で、社長と役員はバラバラに動いているのが実情です。

バラバラとは何を意味しているのか、といえば、力関係と調整文化の作法に則って互いの心の内を知ることもなく懸命に動いている、ということです。お互いが胸の内を明かす機会はありません。タテマエで話をし、面倒や不利益になりそうなことはそれなりに調整します。

こうしたことが経験上、なんとなくわかっているだけに、最高責任者である社長のモヤモヤ感は想像以上です。同時に、その状況を打開する術《すべ》も見えないことが社長を孤独にしてきました。

日本企業の役員の多くは、今まで会社にそれなりの利益をもたらした功労者であり、派閥争いや出世競争を勝ち抜いて昇格してきた序列社会の勝ち抜き組です。さらに、社長にとっては役員の面々の中に「先輩」がいたりすると、気持ちのうえでの遠慮もあって、その古い認識や仕事の流儀を変えろとは、そう簡単には言えません。役員の一番身近で、誰よりもその壁の存在を感じているのが社長なのです。

現場の社員は社長メッセージを聞いて、本当にそれをめざすなら多少なりとも期待する人も中にはいます。社長との対話会などでも若い社員たちの場合は、時には社長と夢を語り合うこともあります。しかし、社長が経営の持ち場に戻ると、現実の壁、役員の壁が立ち塞がっています。経営陣の間で目的を共有し、チームで社員をリードしていく新たな体制をつくり、「会社を新たな方向にリードする」という大きなテーマに挑みたいと思うのですが、なぜか不発に終わったままなのです。

役員に対する「あきらめ」が問題を先送りさせてきた

役員ばかりは社長でもさわりきれない。そこは日本企業にとって、つねにアンタッチャブルな「功成り名を遂げた人たちが占めている不可侵の領域」でした。第6章でも取り上げているように、その役員のあり方が「上を見て動く」社員、組織の仕事の仕方を決定してきたのです。

私たちはオフサイトミーティングの初期段階で、組織のメンバーが日頃からおかしいなと感じていることや、会社の中では言えなくて飲み込んでいる思いなどを口に出してみる「ジブンガタリ」「モヤモヤガタリ」という話し合いをします。そこで吐き出されるモヤモヤの中身はいろいろですが、共通して見て取れるのは「経営に対するなんとはなしの不納得感」です。

経営陣を下から見ている限り、「会社をどうしたいのか」が伝わってこないことから生じる先行きに対する不安、ただでさえ忙しいのに上からよけいな仕事を次々に落とされる現場の混乱、それによって起こる現場の事情を役員はわかっているのかという不信感。立場上、それを黙って受け止めるしかない部下の無力感の矛先は、結果として役員層へと返ってきます。

こうした役員に対する認識は、多くの会社で耳にする言葉を聞く限りでは、それほど大きく変わりません。そこにあるのはなすすべのない「あきらめの壁」です。

社員「役員の在任期間はあと何年かだから、それまでは時が過ぎるのを待とう」

社長「言ったところで役員は年齢的にも変わらないだろうから、少し待って次の世代で何とかしよう」

時が解決してくれるのを待つ、という心境もわからないではありませんが、実際にはそれが長年受け継がれてきた日本企業の伝統です。調整文化の持つ構造的な問題であり、次世代を待ったところで結局同じことが再生産され、結果として組織を閉ざしていく重石になっていくのです。

躍動的な挑戦文化が息づき、変化を受け入れて新陳代謝していく会社に変わっていくためには、この「役員の壁」を生み出すメカニズムと、その底流にある調整文化に手を打って、「明日をリードする経営チーム」が生まれやすい環境をつくることが求められているのです。そしてそれは第3章で詳述しているように可能なのです。

column

会社の中で「役員」はどのように見えているのか

役員の胸の内と周囲の見方には少なからずギャップがあります。放っておくといつまでも埋まらない「あきらめ」が刻んだ深い溝です。

役員の立場から考えている経営責任

社長が示している方向が間違っていると思っているわけではない。スローガンとしては確かにそのとおりだと思う。〝そうであらねばならない〟と自分も思っているし、〝そう思う〟という意思表示もしている。

しかし、自分としては、まずしっかりとやり遂げなくてはならない責任部門というものを持っている。ここが崩れたら、そんなきれいごとを言っている場合ではなくなってしまう。それに自分としては、社長の意に従って、今できるそれなりの努力はしているつもりだ。ただ、諸般の事情があって十分に対応できていないことも事実だろう。

そのために他の役員と協力する努力をしているのかと言われると、それはちょっと難しい。どう見ても、そんなことができるような空気ではないし、自分から踏み込んでいくリスクはとりにくい。社長が言っていることは間違ってはいないので、「前向きに、やる姿勢を見せておく」ことは役員としては最低限必要だろう。

経営トップから見た部下である役員層

自分が持っている危機感はいつも言葉にして伝えているつもりだが、伝わっているようでいて伝わっていないのかな、と思う時がある。もし伝わっているのだとしたら、なんであんな言動になるのか、なぜあのような判断がなされるのか。いつも自分が言っていることが、やはり伝わっていないのではないか。だとすれば、いつもあんなに言っているのになぜ伝わらないのだろう。

しかし、自分が役員だった時のことを思い返せば、やはり彼らにこれ以上のことを期待するのは無理なのかもしれない。それに、彼ら役員の任期もあと何年かだ。今の彼らを変えようとするよりも、次の候補者を育てることに注力したほうが効果的かもしれない。

下から見た役員層

自部門のことに限ってみれば、役員は誰よりも経験があるし、頼りにもなる。ただ、役員会ではもちろん議論はしているものとは思うけど、現場としては、他部門の役員ともう少し話をしておいてくれれば下の仕事がお互いにやりやすくなることはいっぱいあるのに、と思うことが多い。社長から出てくる指示についても、確かに大切なことかもしれないが、指示だけをそのまま下に振るのはやめてほしい。役員から指示されたら、もちろん「できません」とは言わないけど、実際には何ともしようがないこともけっこうある。

こういう上司の役員もあと何年かの任期だから、我慢してお仕えするしかない。

6　調整文化の中の役員

相互不可侵で口数の少ない役員会

令和の時代に求められるリーダーシップに日本企業の経営陣はどこまで応えられるのでしょうか？

今でも、役員会では基本的に自分のテリトリーのこと以外は発言しない、よけいな口を出さないという「相互不可侵・不干渉」の状態はごく普通に見られる光景です。そもそも役員会のような公式会議の場は、形式的なしつらえと予定調和の作法に則って粛々と行なわれています。もともと予定にない話題を切り出したり、突っ込んだ話し合いをするような想定がなされていないことと、それができるほどの心理的な安心感をお互いが備えてもいないからです。

普段、社長から「みんなで話し合ってくれ」と要請されても侃侃諤諤《かんかんがくがく》の議論はしたことがなく、体感的にも不慣れです。お互いに踏み込んで意見をぶつけ合った経験がなければ、実際に議論をした時、他の役員がどういう反応をするのかがわかりません。そのぶんよけいに警戒心も強いわけです。

一般社員から見れば、役員クラスともなると重要な課題についてはそれなりの熱い議論をしているんだろうな、と思われています。ところが、実際にはそうではありません。互いの領域に踏み込むことを避け、表面的な話し合いをしているケースが多いのです。そもそも、言っていいことと悪いことの区別をつけるのは日本的な組織人としてのたしなみです。ことに役員ともなると、それを無難にこなしてきたことで評価されて今の地位にあるともいえるのです。

そんな役員がこれまで身につけてきた、組織の中で生き抜くために必要とされる作法は、多くの場合、安定、安心のために過剰なガードがかかっているのです。

［ガードの固い公式会議での話し合い］

1 互いの心理的な安心感がないまま、立場の制約にとらわれた議論になっている
2 したがって本当に必要な（テーマ設定での）議論はなされていない
3 前提条件や取り囲む制約を取り払った本質的な発散の議論はなされていない
4 それぞれの立場を離れた、より高い視座での議論がなされる環境にはない

5　タブーにはふれない、「しにくい話」は後回しになる（社長の方針を受けての深い話、他部署の仕事について、グループ間の連携が必要な事項について、合併や分社のいきさつや裏事情……）

社長の指示に「問い返し」はしない

社長からの指示命令がどんなに難しい課題であっても、「できない」などと言うのは役員失格、上位にある社長への「問い返し」は失礼な態度、と空気を読んで控える役員は少なくありません。

あるいは、個々にはいろいろなことを考えているのに、他のメンバーと一緒になると警戒心から黙り込んでしまう役員。これも、正解を言うことが求められているという暗黙のプレッシャーによって起こっています。自分のことを語る「ジブンガタリ」ですら、もしそこに社長が同席しているとしたら、たいていの人は自分をさらけ出すことを躊躇する傾向にあります。テーマや内容に限らず、心理的な安全性が担保されていない状況だと、話し合いはどの場合もほとんどそうなるのです。

第4章で取り上げるように、この「問い返し」のなさがトップダウンの指示命令におけるコミュニケーションの健全性を奪っています。日本企業では、役員でさえも、社長に対しては「指示待ち」「受け身」の部下姿勢を貫く空気が支配している、という世界の常識から見ると極めて異常な状態が当たり前なのです。

役員は「考えるため」の時間をつくれるのか

そもそも役員は「自分の意思で自由に動ける時間をつくる」習慣はあるのでしょうか。立ち止まって現状を見直したり、今、経営にとって大切なことは何だろうか、自分や自部門がそこでできることは何だろうかと、緊急ではないけれど本当に大事なことを考えたりする余裕や時間は果たしてあるのでしょうか。

どこの会社でも役員のスケジュール調整は骨の折れる仕事です。急ぎたい案件があって部下が早く役員との打ち合わせの時間をもらいたいと思っても、それなりにまとまった時間がほしいと思えば、１週間はおろか下手をすれば1カ月先まで予定があって調整がつかないことも珍しくありません。しかも朝早くから夜遅くまで、接待ゴルフでもあれば休日まで埋まっています。

その予定の中身は雑多です。さまざまな社内の定例会議はもちろんのこと、取引先とのつきあいや接待、挨拶に訪れる来客への応対、重要な商談をはじめ何か問題が起こった時の事情報説明や謝罪のための訪問、業界や地域をはじめとする多種多様な会合、冠婚葬祭や各種のセレモニー、視察・見学の立ち合い、国内外の出張……など。次々に「入ってくる急ぎの予定」でどんどん時間が埋まっていきます。

個々の役員でさえ時間を取るのが難しいのですから、全役員の時間を合わせて取るとか、役員会や部門会議など定例会議とは別のイレギュラーで集まる場となると、さらに至難の業になります。

それというのも、役員の雑多な予定のかなりの部分は「緊急性」で入ってくるものであり、役員の意思でコントロールしているものではありません。大企業になると、役員のスケジュールは秘書室などが厳重に管理し、〝手慣れた秘書〟がそれなりの取捨選択をして優先順位をつけながら予定を入れていきます。「経験のある秘書が決めている」のが現実なのです。

気の利いた役員の中には「こういうふうにスケジュールを入れてくれ」と秘書に指示する人もいます。しかし、私がこれまでおつきあいしてきた範囲で見ても、自分のスケジュールを管理する秘書と自分のミッションを共有し、時間の使い方の判断基準を決めている人物はごく少数です。ましてや役員全体で、仕事の優先順位のもとに時間をマネジメントしている例となるとレアケースでしょう。

7　経営も本物のチームになれる！

会社の方向を大きく変えるようなメッセージともなると、いくら社長が本気であっても社員が本当にそれを信じるのか、といえばノーです。役員ですら本気でないのに、社員が本気になるわけはありません。

ということは、経営陣の間で徹底的に議論を尽くし、みんなで協力して進めていこうというチームとしての本気の意志をつくれなければ、結局、メッセージは掛け声倒れに終わってしまうのです。

そのためにも、これからの時代の経営の舵取りには、社長が直下の役員と共に一枚岩になる体制づくりにそれなりの手間ひまをかけることが必須なのです。

役員がチームになるための条件

これまでの役員は、集団社会の美徳を身にまとい、経営メンバーというよりは「一国の主」として互いに牽制し合ってきました。一国一城の主ですから、そういう意味ではチームになる必要性は特になかったのです。さらに、言っていいことと言わないほうがいいことを区別し、会議の席でも大事なことは話し合えないために本当の意味での互いの信頼関係はなく、チームになる基盤がそもそもなかったのです。

信頼関係がない結果として問題が隠れてしまう。上に「やる気と姿勢」は示すが、実行となると面従腹背で結果にはコミットしない。だからといって、日本企業の場合、解任されることはないのです。

それはそれで一国の主としての立場は守られ、担当の範囲では執行責任を果たすこともできましたが、他方には「チームになれない」決定的な要素が潜んでいました。

【役員のチーム化を妨げている要素】

1　役員同士の「心理的な安全性」が担保されず、本当の意味での互いの信頼関係がない
2　役員同士に相互不干渉・不可侵条約がある
3　役員同士、日常的なやりとりはしているのだが、お互いに立場からの発言に終始しているため、**何を考え思っているのか、本当のところの内心を互いにほとんど知らない**

前に述べたように、「心理的な安全性」を担保し、本当の意味での互いの信頼関係を築く

ことがチームビルディングの基盤になります。役員同士に相互不干渉・不可侵条約があり、互いに立場からの発言に終始していては、基盤が築けないのは当然です。

とはいえ、事は簡単ではありません。誰しも、（役員の世界をよく知っていれば知っているほど）立場を超えて行動する、というような従来の常識から外れたことを役員がそう簡単にできるなどありえないこともよくわかります。しっかりとした組織の役員であればあるほど、立場を忘れることなどできるはずもないしするはずもない、と思い込んでいます。それを許さない強固な空気が役員の世界を支配している現実を熟知しているからです。

しかし、人と人との関係性づくりは本質的に、立場や年齢で変わるものではありません。私たちの企業変革事例の経験から、そのことが明確になってきました。

役員なのだからと変に目線を変えて、「かくあるべし」というあるべき論を押しつけたり、理性に訴えたりしても、うまくいくことはありません。これまで関係性がつくれなかった具体的理由を取り上げて云々することにもあまり意味がありません。チームになるとはどういうことか、そういう意味では今までは特に仲が悪かったわけではないが、チームにはなれていなかったという事実、現実を認識することからスタートします。

もしかすれば「これからはチームになれるのかもしれない」と思えるような実感が持てる「体験」をまずしてみることがポイントです。

日本人の「共感力」を生かして「役員の壁」を解消する

調整文化のしがらみにとらわれた役員同士の関係性を変えていく時、欠かせない着眼点があります。それは日本の組織集団の特性としてマイナスに作用している弱点を、プラスの作用に転化させることです。

たとえば「あうんの呼吸」。最近ではアメリカでも高度なコミュニケーション能力として研究されたりしているようですが、平均値で見れば、民族的に日本人はこの感覚にかなり優れているのは間違いありません。私はこの〝空気を読む〟〝察する〟〝以心伝心〟〝甘えの感覚〟といった独自の感覚を、日本人の持つ「共感力の強さ」と捉えています。

この独特の感覚は、お互いに自分と共通する要素を相手の中にも見出そうという、一種のもたれあい的な感覚ではないかと思います。ただし、こうした感覚は、閉じたムラ社会的な組織の中で何も手を加えないでおくと、「集団の同調圧力」と表現されるものになったり、「忖度」をもたらす力として作用したりもします。自然のまま放置していると、組織集団の中では、センシティブで危険な作用をもたらす感覚でもあるのです。

しかし、これは前向きに捉えることができます。お互いがじつは同じような問題意識を持っていたんだ、という発見の驚きが、日本人の共感性をポジティブに働かせるからです。こうした良い意味での共感性を分かち合うことと、めざす方向性を大まかにでも共有することを通じて、役員間でも連携を強めることは可能です。この共感性は、違和感もなく、理屈抜きにお互いの間に心理的安全をもたらし、チームメンバーに連携をもたらすのです。

こうした共感し合う、もしくは甘え合う感覚を、他国の人々に比べて潤沢に持つ私たち日本人は、環境さえ少し整えれば、つまり心理的に安心感を得られる環境を用意するだけで、ためらいなく自分の弱みを見せ合い、共感し合うことができるという特性を持っています。

自分の弱みを見せることと、仕事に絡む本当の思いを口にすることは大きく関連しているのです。

自分の弱みを見せる、つまり、自分をさらけ出してみるために、私たちがオフサイトミーティングの初日にやっているのが「ジブンガタリ」という話し合いです。単なる経歴紹介ではなく、自分を見つめながら、自分を知ってもらうように、幼少期の頃のこと、入社の時の話、結婚のこと、子供のことなど、自分の身に起こったいろいろな事件を交え、もちろん仕事に絡む話なども正直ベースで話していくのです。

ルールは一つだけ、「真剣に耳を傾けること」です。

通常は少なくとも20～30分以上も話すのですが、みんなが真剣に聞いてくれるので話している人は楽しさを感じます。よく考えてみれば、自分の話をこれほど真剣にみんなで聞いてくれる経験を普通の大人はあまりしていないということです。お互いが正直ベースでの話を共有するという体験が、じつはお互いの心理的な安全性の確保に大きく寄与しているのです。

　こうしたある種の共感の共有が役員同士の境界を溶かす浸透圧になり、連携する力になっていく。チームの基盤が少しずつですが、でき始めるのです。

第3章

経営層を「真のチーム」にする

日本発！　経営チームビルディングの実践方法

CASE STORY 3

ゆらぎと打開の役員合宿

脱皮した役員チームが社長の参謀になる

挑戦する経営チームをめざすキックオフ

昭和の伝統ある優良大企業の多くがそうであるように、平成の時代には過去の成長の柱だったメイン事業は長い低迷のトンネルに入り、先細りは目に見えていた。いつまでも同じところにとどまり運命をゆだねるわけにいかないことは明らかで、自分たちの持てる力で壁を突破し、新たな道を切り拓いていかねばならない。

その命題は東洋精電にもあてはまり、歴代の社長は「**ビジネスモデルを転換する！**」と叫び続けてきた。しかし、その重すぎる経営課題は代々の経営陣への置き土産となり、今や現社長の橋本の眼前に手つかずに近い状態のまま置かれている。

それを引き受けようにも、橋本の目に映る今の会社は、新たな付加価値をつくり上げていく力とはまったく別の、ただ黙々と規律正しく従来のやり方を続けて直進するだけの組織と運営システムで回っている。この会社が猛スピードで進路を変えるには膨大なエネルギーが必要なのは明らかだ。ここで経営陣が本気で一丸となって「ビジネスモデルの転換による会社の持続」という難題に向き合わなければ、3年、5年と停滞の足踏みは続き、早晩転落する日がくるのは必定である。

「未来の入口はつねに今なんだ」、橋本は大きく息を吸った。

とても社長一人の力では足りない。

「なりふりにとらわれず、真正面から役員たちと話し合ってみよう」

のちに山荘合宿と呼ばれることになる役員チームビルディング合宿へと向かう腹は据わっていた。

18年12月、山中湖の研修施設、忍野山荘で、社長と役員7人が集まって一泊二日の「経営幹部のチームビルディング合宿」が行なわれた。ゴルフや宴会が組み込まれた懇親がてらの役員合宿ではない。橋本社長の強い意志による真剣な「対話と議論の場」という設定である。外部専門家として経営のプロセスデザイナーである水島と堀尾がサポート役に入っている。

初日は、役員相互の信頼関係を築く「対話」に時間を十分に費やした。といっても、しがらみに縛られた関係のままで、いきなり対話ができるわけではない。まともな対話といえるものができるようになるには、新たな「ものの見方、考え方」の導入とそれに起因する適切な「問い」と向き合うことが必要だ。それができることで、本当の意味での「考える」きっかけをつくることが可能になる。

そもそも、ほとんどの企業においては役員同士が真正面から向き合えていない。この現実を直視することから始めなくてはならない。その理由は何か、何が自分たちをそうさせているのか。その弊害はどこに出ているのか。そのことで困っているのは誰なのか。

この答えに近づくためには、自分たちの会社というより、今まで見えていなかった「日本企業」というものと、その組織が相似的に持つ独特の文化や常識、そこから生じる問題といった全体像を探り、現状認識として共有することが必要になる。そして、その課題をみんなで力を合わせて乗り越えていくために必要となるのが新たな価値観、さらに価値観の総合体としての文化、変化の先の新たな姿のイメージをみんなで共有していくことである。

初日の午前中の水島からの情報提供は、事前に参加者全員に対して行なわれた「問題意識インタビュー」の結果をまとめたマインドマップ（126〜127頁、図表3－4参照）を共有することから始まった。

発言者の名は伏せてあり、誰の発言か、誰の問題意識かはわからない。しかし、シート全体を眺めれば他の役員も〝自分と同じような問題意識を持っている〟ことが見て取れる内容だった。

これらの内容を共有することで、問題意識の領域と「幅」を理解すると共に、「自分は一人ではなく、近い思いを持った仲間がいる」ということがはじめて感じられるようになる。

このあと、水島が述べた「総括」はいつまでも参加者の頭に残って離れなかった。

「まるで他人ごとのように皆さん、自社の問題を列挙なさっていますが、それに対して具体的なアクションをとるというスタンスは誰からも見られません。つまり、これは評論家の姿勢とも言えるのです。そもそもここにいらっしゃるのは役員の皆さんです。役員の皆さんに解決できない／しない問題を、果たして誰が解決できると言えるのでしょうか？」

「つまり、ここにいる皆さんは『今の自分の仕事』には強い責任感を持っていらっしゃるのは間違いありませんが『**自社の将来に対しては真の当事者になりきれていない**』ということだと思われます。役員がチームになる第一歩は〝このままだと自社の将来に関して自分は評論家でしかない〟という自分の従来のスタンスを自覚することから始まります。いかがでしょうか？」

水島の指摘は耳の痛いものではあるが、その論拠としている情報は自分たちがインタビューで答えた問題意識なのだから、そのとおりかもしれない。「確かにそうだな」というのが役員たちの実感だった。

その後の議論のために水島が行なった情報提供は、「調整文化と挑戦文化」「チームの連携レベル」「プロのレベル」といったテーマで午前中いっぱい続いた。

社長の橋本は、初日は午前中まで、情報を共有しておくために参加し、昼食を皆と共にした後は退席した。夜には懇談会で役員と語り合う場が設けられていたが、2日目はすべて欠席することになっていた。

これはプロセスデザイナーの水島からのアドバイスを橋本が受け入れたもので、役員合宿に並々ならぬ期待を寄せて2日間とも参加する心づもりでいた橋本にとっては拍子抜けの要請だった。しかし、組織や人間の本質を捉えたうえで現実を独自の視点で鋭く切り出し、厳しいこともはっきりと伝えてくる水島に対して、数回の面談を通じてそれなりの信頼感を持ち始めている橋本は、黙ってその要請を受け入れたのだった。

チームがめざめる相互作用のインパクト

合宿を通じて参加役員たちが初めて知ったことは、「みんな自分と同じような問題意識を持っている」「価値観の違いはあるにせよ、それぞれ他の役員も自分の事業に対する強い思い入れを持ち、真剣に取り組んでいる」「これまで会社の会議室では知り得なかった人間的な側面を理解することができた」「高い視座で経営全体を考えることの必要性をあらためて認識する機会になった」といったことだった。

「この連中となら、なんとか会社を良くしていけるかもしれない」という、なんとなくの感覚と希望をお互いに感じ取ることができた2日間だった。

初日の朝に集合した時は、どこか互いに距離を置いて特に話しかけるでもなくバラバラに待ち時間を過ごしていた面々も、2日間を終えて帰る時には、別人のように明るい顔で互いに声をかけ合って解散したのだった。

見ず知らずの他人が仲間になる、それくらいの接近である。それまでは、必要があったとしても関わろうとする気配すら見せていなかった役員たちが、背中合わせの態度を変えて、自然に向き合っている。ずっと「因縁の間柄」だと思われていたライバル関係にあるはずの二人の事業部長でさえ例外ではなかった。

特筆すべきは、2日目の議論を通じて抽出された10項目に及ぶ「役員層が解決すべき重要テーマ」の中でも最大にして最重要、と皆が合意した「北米CE事業の将来」についてである。

合宿の翌々日には、精密機器事業部長の早坂、CE事業部長の中島、経営企画部長の佐伯の3名が声をかけ合って集まり議論を始める、というスピード感だ。これまでなら、所掌の異なる役員3人が、しかも多忙の合間を縫って自主的に集まり、特定の経営課題をテーマに議論することなど考えられなかった。

この忍野山荘での役員合宿は、その後も目を見張るような変化を次々と各階層に引き起こすトリガーとなった。「東洋精電・覚醒の2日間」とも呼ぶべき、会社にとって大きな転換の記念日になったのである。


その後、山荘合宿のフォローアップとして、役員オフサイトミーティングや、社長も参加した経営プロセデザイン勉強会が開催され、7人の役員の結束は強まっていった。

山荘合宿から数えて4回目、19年の秋に実施された役員オフサイトミーティングはチームとしての転機になった。「俺たちは社長の参謀になれているのだろうか？　社長と同じ視座で考えているだろうか？」という早坂の問題提起を受けて始まったセッションは、途中からは話題が北米CE事業の問題へと収斂し、2時間の予定だったフリーディスカッションの時間をはるかにオーバーする白熱の議論になった。

その結果、「北米CE事業の問題は社長と中島さん（CE事業部長）だけの問題ではない、俺たち全員の問題だ」と、役員全員が前向きに合意したのだ。

この時、自分たちがワンチームへとステージアップしたことを皆は実感した。この「秋の大同団結」と呼ばれた7人の合意がなければ、19年12月の「役員チームの意見書」の決起はなかっただろう。

あの一件が契機となり、社長の橋本が役員チームを重要な経営課題に関する信頼できる相談相手として見るようになるなど、その後の一段と大きな経営チームの変化へとつながっていった。

橋本も予想していなかった山荘合宿の副産物がある。各部門での次世代経営チームづくりの取り組みが広がりを見せ、階層間の風通しが見違えるほど良くなってきたことである。

東洋精電ではその後も、トップ、役員層、管理職層が大きな連携によって相互に影響し合いながら、今もダイナミックな変化を続けている。

〈完〉

---

1 挑戦型の経営チームをデザインする

この章では、ケースストーリーで取り上げた東洋精電の経営チームビルディングをモデルとして、その基本コンセプトから具体的な「役員合宿」によるチームづくりまで、プロセスをたどって詳しく説明していきます。東洋精電の役員たちが約1年をかけて、誰もが驚くほどのチームをつくり上げて成長し、どのようにして新たな役割のもとに結果を出していったのか、その秘密は何か、第2章で述べたチームビルディングの考え方に基づく実践方法を説き明かしていきます。

役員チームが「参謀機能」を果たす――チームビルディングの出発点

経営環境が見通しにくいVUCAな時代の役員は、経営の新たな方向を打ち出す社長と思いを一つにし、チームで共有した思いを部下たちに伝えていく役割を本来担っていなくてはなりません。

たとえば役員は、社長の打ち出す方向、「めざすもの」を可能な限り深く共に議論することを通して、目的を理解し、社長の思いと共に受け取る。そして、それぞれの役員が自分の意志と言葉でエネルギーを注いで、部下たちに伝えていく――それがまず役割の出発点です。社長の意志を周りに伝え展開するサポート機能が経営としての参謀機能です。社長のメッセージも日頃接触のない部下にはなかなか伝わりません。しかし、役員が自分の言葉で社長はこう考えているのだよ、と言えば、伝わる範囲は広がります。

大切なのは、この「自分の言葉で」という部分です。社長が全社に発信したいと考えている、会社にとって意味のあるメッセージを社長任せにするのではなく、それぞれの役員の思いを乗せた言葉で周りに伝えていく役割を果たすことです。それができれば役員の思いが伝わり、社員は関心を持ちます。人間というのは自分に興味のある情報でなければ悪意なくスルーする習性を持っているからです。

今までどおりのことをしっかりとやっていくことが自分に課された役割だ、担当部門の執行責任がミッションのすべてだと思っているうちは、社長の思いを部下に伝える必要性は特に感じないでしょう。感じ取れていなければ、社長の言葉をただ聞いたとおりに会社の言葉で伝えるだけに終わります。

自分の言葉で語りかけるのではなく、会社の言葉で語っている限り、部下にはそれがタテマエにしか聞こえません。単なる生活雑音程度にしか響かないのです。上からの指示として、ただ下に言葉だけを伝達するのと、自らの思いを乗せて伝えるのとでは、部下の腹落ち度は天と地ほども違うのです。

この時、部下が日頃からその役員のことをどう見ているか、も影響してきます。部下から見て、日頃からトップに対してゴマをすっているとしか思えないような態度で接している役員であるとしたら、「社長のおっしゃっていること」を伝える力はほぼないと言ってもいいでしょう。逆に、日頃からトップに対しても「言うべきことは言っている」という、部下から見ても一目置くことができるような態度で接している役員であれば、「社長の思いはこういうところにあると思うよ」という言葉はそれなりに響きます。

参謀機能を果たせるか否かは、その役員の存在意義を問うことでもあるのです。

簡単なことのようですが、上に立って部下たちに変われと言っているのか、本気で自らも変わろうと実践しているのかは、部下たちの目から見ればすぐにわかります。

このような役割を果たせる役員が何人いるか、そして役員がめざすものを共有して一緒に動ける参謀チームになれるかどうかは、経営の方向転換の成否を左右する決定的なキーファクターです。経営のチームビルディングの目的は、そうした変革の当事者となりえる役員を顕在化させ、ネットワークすることなのです。

信頼関係がチームづくりの基盤——感情的なギャップを埋める

チームづくりの糸口は、お互いの「心理的な安心感」を確保することです。

チームビルディングの初期段階では、お互いの信頼関係をつくるために、合宿などでしっかりと話し合いに時間をかける必要があります。信頼関係がないままでも、仕事の場合は表面上、事は確かに進行するのですが、本当の信頼関係があるのとないのとでは、結果に決定的な差が出てきます。

お互いに内心ではどんなことを考えているのか、といった背景を知ったうえで事に臨むと、腹を割って本質的な議論ができ、内発的な動機を持って本気で物事に立ち向かおうとする人間が顕在化してくるからです。

前述したとおり、役員のチームづくりでは、まず「仲の良いケンカ」ができるようになることを一つのゴールにしています。信頼のうえに、本当に大事なことを真正面から議論できる関係性が築かれてはじめて、チームの基盤がつくられるのです。

役員に必要な「心理的安全性」

ここで、もう一度「役員はどんな状況に置かれているのか」を別の角度から見てみたいと思います。

周りから見れば壁にしか見えていない役員たちも、じつのところ、互いに話もしないバラバラ状態がいいと思っているわけではありません。悪意や他意があってバラバラになっているわけではないからです。もちろん、自分の立場さえ守ることができればいいと思っているわけでもない。

しかし、お互いに近づき、信頼関係をつくれる手立てがあるわけではないし、きっかけもない。自分から話してみようと働きかけることをためらうのは、協力してくれる人がいるかどうかわからないという不透明感がありすぎるからなのです。結局、誰も言い出しっぺになれないまま現状を変えられないでいる、というのが多くの場合の事情です。

この状況を冷静に見てみると、じつは「役員が変わりうる可能性」がそこにはあることがわかります。現象面ではいろいろ問題が複雑そうに見えても、もともと感情的に悪意があってそうなっているわけではないことがほとんどだからです。

そこでいちばんの誘い水になるのは、まず「お互いの心の内」をありのままに知ることです。

といっても、役員ともなると社員と違って、今まで言えないで伏せてきたこと、言えば大きな影響がありそうなことの一つや二つは抱えています。警戒レベルが社員よりもはるかに高いからこそ、「心理的な安全性」を担保することの意味ははるかに大きくなります。

しかし、本当に腹を割って話すことさえできれば、「ほかの役員も同じことを考えていたんだ」「だから今までそうだったのか」ということがわかるだけで警戒心も氷解していくのが日本人です。「何を言っても大丈夫」かもしれない、という実感を伴う安心感が持てれば、言っていいことと言わないほうがいいことを区別し、構えて話をする必要性も薄れるのです。

そういう意味で、役員がチームになるためには、いつでもどんな時でも、お互いに「腹を割って相談し合える関係」に少しでも近づくこと――それがまずは最低限の条件です。

次節以降に述べるように、チームビルディングのための合宿に際しては、メンバー間の感情的ギャップを埋め、「心理的安全性」を確保するための準備がいくつもあります。

この条件を満たせば、会議の場でも質問や意見がしっかりと出てきます。予定調和の話し合いではないため、時間を要することが多くて面倒くさいのですが、腹落ち度はまったく違います。同じ事を進めるにしても、外からの圧力で仕方がないから進めるのか、内発的な思いを込めて進めるのかでは、出てくる結果に雲泥の差があるのです。まさに急がば回れ、ということです。

戦略思考を養い、腹を割って経営戦略を議論——論理的ギャップを埋める

欧米企業の大きな強みは経営チームのプロ意識の高さと経営戦略にあります。それは裏返せば、日本企業の弱点です。日本企業で、全体戦略から事業戦略まで一貫して立案の中心に経営チームがいることは稀といってよいでしょう。

欧米企業の経営チームに比べ、日本企業が戦略思考・戦略分析・戦略立案・戦略展開において大きく見劣りし、それによって業績で大差をつけられているのには理由があります。欧米では経営チームと戦略策定部門の経営技術チームが連携して全体戦略と事業戦略を立案し、まとめあげ、各部門が実行します。

これに対して日本では、事業戦略は事業部門で立案され、経営会議で承認されて、それぞれの部門で実行されることが多いため、全体戦略との整合的な一貫性がなく、部門はタコツ

ボ化しがちなのです。部門にとって都合の悪いところは経営会議にも隠蔽しがちで、第Ⅱ部で詳しく解説する日本の企業文化の悪い面が拍車をかけることもあり、戦略面でのマイナス効果が如実に大きく出てくるわけです。

これまで日本企業では、戦略経営を欧米流のやり方で導入・展開する試みは、経営者自身がそれを有効活用するだけの知識と経験を持たないために、結局は中途半端に終わってしまうことが多かったように思います。頭ごなしに正論で押しきる形でなされた決定を、トップダウンで完遂を命じられるプロセスには、誰もが腹落ちせず、「感情的なしこり（ギャップ）」が累積するからです。

それに対して、ここで紹介するやり方は、メンバー間の信頼関係を第一段階で築いて「感情的なギャップ」を先に解消したうえで、第二段階として、本音で徹底的に戦略を踏まえた全体経営を議論して「論理的ギャップ」を埋めていきます。このチームビルディングの方式（134頁、図表3－5「腹落ちマトリクス」参照）は日本の風土にマッチしているため、戦略面でも成功する確率が非常に高くなるのです。

＊ 組織の氷山モデル（図表3－1）でこの点を考えてみましょう。合わせて図表3－2「組織開発の類型」をご覧ください。

図表3－2でいえば、従来の組織開発ニーズに対応して行なわれるオフサイトミーティングでは、中間層を対象にした「業務課題解決型」、および現場層を対象にした「潜在力引き出し型」が主流であり、氷山の下部の議論にのみ集中する傾向がありました。

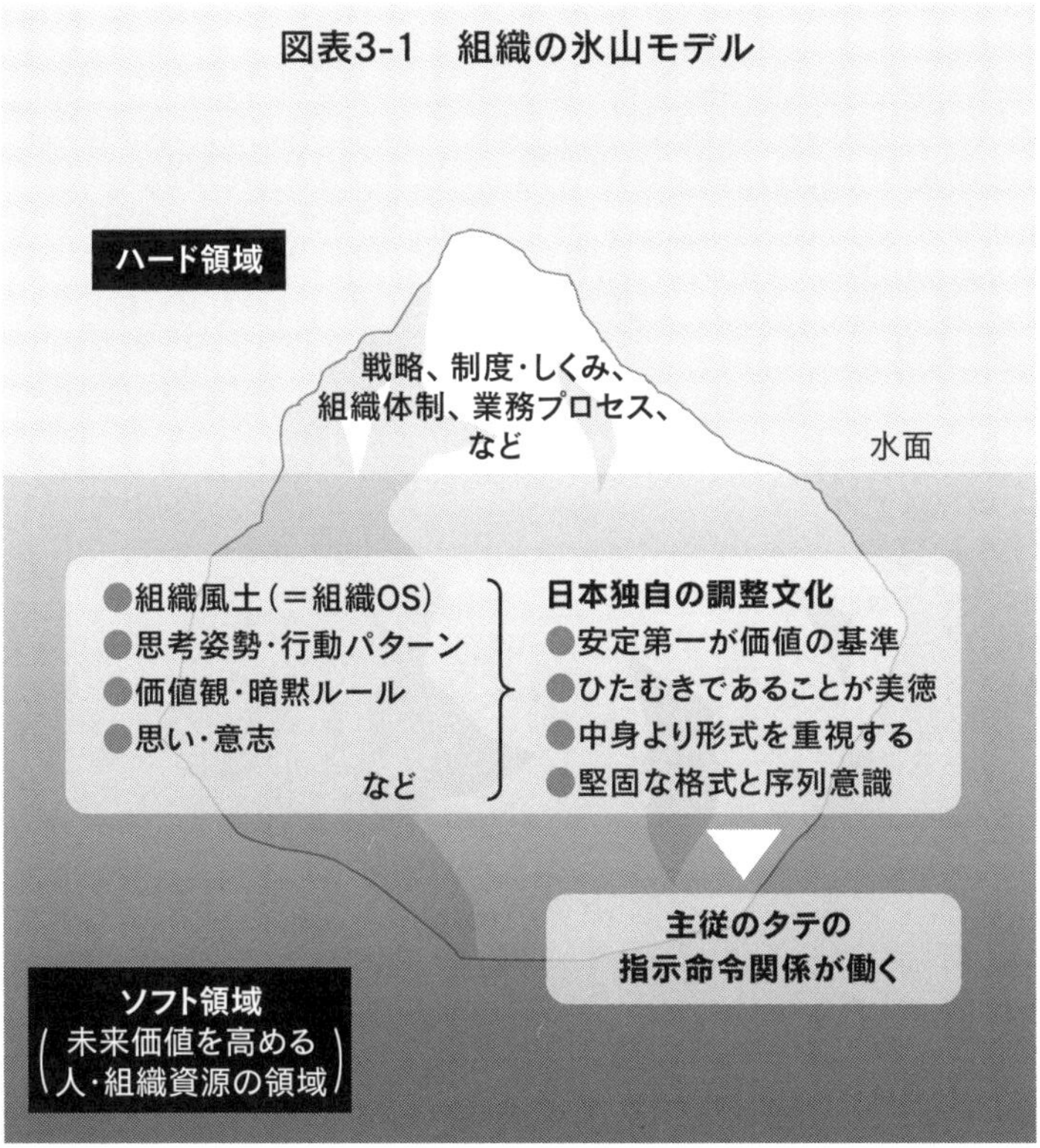
図表3-1　組織の氷山モデル
ハード領域
戦略、制度・しくみ、
組織体制、業務プロセス、
など
水面
●組織風土（＝組織OS）
●思考姿勢・行動パターン
●価値観・暗黙ルール
●思い・意志
など
日本独自の調整文化
●安定第一が価値の基準
●ひたむきであることが美徳
●中身より形式を重視する
●堅固な格式と序列意識
主従のタテの
指示命令関係が働く
ソフト領域
（未来価値を高める
人・組織資源の領域）

図表3-2　組織開発の類型

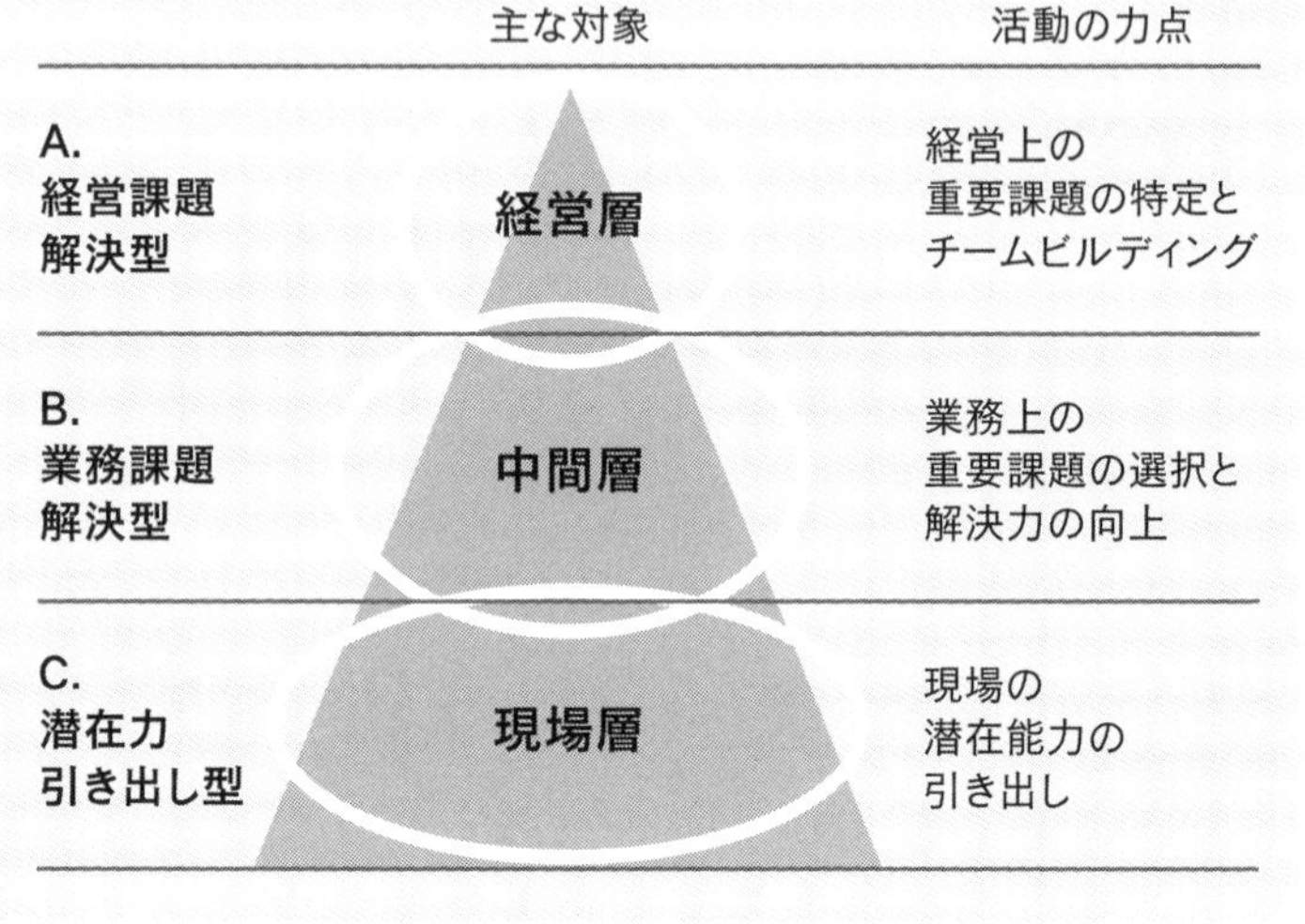

しかし、近年では、経営層を対象とする「経営課題解決型」のニーズが高まってきています。その中でも特に役員の議論では、氷山の水面上と下部をセットで議論することが極めて重要な意味を持ちます。

メンバー間にわだかまる二つのギャップを埋めていくプロセスを通じて思考を鍛えることができれば、日本的経営チームはメンバーが真の意味で「腹落ち」している、日本独自の強みを持った**戦略的な経営チーム**に生まれ変わる可能性を秘めています。

欧米企業とは異なるやり方で、事業部門長を含む経営チームが全体戦略と事業戦略を一貫してつくれるようになれば、「腹落ち」した戦略の作成者が自ら実行段階でリーダーシップを発揮できるようになります。各事業部門が全体戦略を見据え、責任を持って事業戦略を完遂する仕組みが構築できるのです。

2 チームビルディングの成功条件を仕込む——用意周到な合宿の準備

ここからは、役員がどのようなプロセスを経ることで、今まで不可能とされていた、立場を離れた議論が実際にできるようになっていくのか、東洋精電のケースストーリーの合宿前後をもとに説明していきます。

心理的な安全を担保する環境づくり

【プロセス①】トップの思いを確認する〈事前ヒアリング〉

時間をかけてじっくりと話し合うことを主眼にする合宿に不可欠なのは「周到な準備」で

す。その最初に行なう経営トップへのインタビューは〝合宿のカギを握る〟と言えるほど、環境づくりにおいて大きな意味を持つものです。役員の固いガードを解いて率直に話をしてもらおうと思えば、何よりもまず「心理的な安心感」が確保されている環境が必要だからです。

そこでは、まず社長が経営や経営陣に対して抱いている「思い」や「考え方」に加え、経営者としての「葛藤」を言語化し、会社が向かおうとしている方向性や課題を整理して文章にまとめておくことが大切です。

それは何のためかというと、直接的には、次のステップである役員インタビューの準備のためです。

役員インタビューで、それぞれの役員に自分の気持ちを率直に話してもらうためには、社長が考えていることや思いの中身そして葛藤を先に共有しておくことが、特に重要な安心材料になります。社長の思いを引き出して言語化したものを、一人ひとりの役員と最初に共有しておくことができれば、安心して口にできる話の種類や範囲は広がります。

もう一つ、大事な点は、社長が合宿の方向性、目的や意図を左右するスポンサーだということを明確にすることです。そもそも役員合宿はスポンサーの思いがあって実現するものだからです。そのスポンサーの思いや目的を可能な限り深掘りし、参加メンバーで共有できているかどうかは、役員チームビルディング合宿の成否に関わるのです。

同時に、合宿を通じての大きな狙いは、調整文化の重荷を解いて、社内にある挑戦文化の歴史を復活させ、再び強化していくことです。この文脈とスポンサーの思いとをしっかりと重ねておくのです。

トップの思いや葛藤は、その要点を簡潔に図表3－3「トップ層の問題意識」のようにまとめておくことが有効です。

簡単な1枚の資料ですが、役員にとっては深い意味を持つ内容です。会議などでの強気な発言／公式見解とは異なる、社長をはじめとするトップ層の本音の問題意識がそこには表れているからです。ある意味で、トップ層が「悩み、弱気な部分」を開示しているのです。これがあって初めて他の役員も「公式見解ではない本音」を語りやすくなります。

【プロセス②】役員の参加姿勢をつくる〈個別インタビュー〉

役員合宿の成功に向けた二つ目の重要なプロセスが、参加する役員に対する個別インタビューを通じて合宿の目的を共有し、主体的な参加のスタンスを引き出すことです。

多くの場合、役員合宿のようなイベントの開催は、事務局からの事務的なメールで役員に通達されます。そこには開催目的や実施内容なども記載されていますが、この段階では役員自身がまだ特別な関心は持っていないために、じつは何も伝わっていないも同然なのです。

図表3-3 トップ層の問題意識

※トップ層インタビューより

社長

- One精電と言っているが、それが従業員にどれだけ浸透しているかというと、正直きびしい。
- 情報を隠すことはなくなったが、今でも縦割りが強い。
- 私が言っていることが絶対に正しいとは限らない。
  決めたことが、(やってみて)間違っていたら、止められる組織にしたい。
- 判断のモノサシを合わせるところで苦労している。スタッフ系の役員とはモノサシが近いが、ライン長とは必ずしも一致しているとは言い切れない。
- 今の経営陣の会話は大人の会話になってしまう。(会議では)私ばかりが話をしてしまう。本当はワイガヤの雰囲気で話をしたい。

専務

- 製造/販売、精密/コンシューマーという壁が根強くある。
- 社長·専務で現場対話会を実施しているが、あまり意見が出てこない。
- ただ「やれ」といっても変わらないから、モノが言える場をつくっていく必要がある。
- 次世代を育てていくために、まずは上から考えていかないといけないということがわかった。

人事部長

- 次の経営者を育てていかないといけない。
- 現状は、役員同士が相互不可侵条約を結んでいる。
- 「新しい事業のタネを探さなくては」と言っているが、
  実際は自事業のことしか考えられていない。
- 二事業部長の交代に伴い、彼らを支えるチームをつくりたい。

▼

現状では、
経営陣が一丸となって真に機能する全社戦略を策定し、
それを実行できる状態には至っていない

そのままだと、「そもそも何のために合宿をするのか」を考えないで参加することになりがちです。参加する役員がこうした受け身のスタンスだと、合宿での問題意識や議論の深まりも望めません。

そこで、合宿の前に、参加する役員全員に対して個別の事前インタビューを行ない、やりとりを通じて意識レベルを高めておくのです。

インタビューでは、役員のありのままの問題意識を引き出すことと並行して、合宿の持つ意味あいや中身、進め方などをしっかりと伝えておくことが大切です。知識の習得を目的とする場ではなく、「みんなで気楽にまじめな話をする」ための場であること。そのための「心理的な安全性」を醸成する目的で、初日には、お互いを知り合うための語り合いにかなりの時間をかけること、などを伝えておきます。

こうしたやりとりを通じて、合宿への関心や期待感を温めておくことも、事前の大事な環境づくりなのです。

さらに、この個別インタビューの結果をもとに作成する役員マインドマップ（図表3－4）は、経営チームビルディングを前進させる重要なトリガーになります。その意味でも、役員への事前インタビューは、議論のベースとなる情報を得るためのかなめのインタビューと言えます。

東洋精電で18年8月から9月に行なわれた役員の事前インタビューでも、氷山の下部の問

危機感

- 精密機器は（現行ビジネスモデルで）あと2－3年は持つだろうが、その先は本当に大丈夫かと不安である
- 残された時間は、あと３年と感じる
- 2事業とも、今のまま（のビジネス）で本当に生き残れるのか？

事業の違い／協業の難しさ

- 2事業は顧客、競合、市場におけるポジションも全く異なる。たまたま同じ会社にいるという感覚に近い
- 精密機器とコンシューマーではビジネスモデルが全く異なり、シナジーが働くのか疑問
- 精密は営業が強いが、それをコンシューマーに活かせない
- 精密機器も（中では）国内と海外が一つになっていない
- （2事業間で）一緒に議論することには前向きだが、お互いのビジネスを熟知していない中で、どこまで貢献できるか疑問がある
- 当社には海外コンシューマー事業の深い知見を持つ人材が足りない
- 別々の会社が無理矢理ひとつになっている様な面が強い

「本音」の議論の不足

- 精密機器事業が強く、自負も気概もある。コンシューマー担当の人は相当にものを言いづらいだろうと思う
- 大人の会話になってしまう、というのはよくわかる
- 「精密とコンシューマーは本当に一緒にやれるのか？」「シナジーを求めることに意味があるのか？」など、踏み込んだ議論が行われていない
- 北米以外のコンシューマー事業をどうするのか、これまで突っ込んだ議論が行われていない
- （2事業の間では）お互いの戦略や、何をしているかなど、実は深いところを全く理解していない
- 会社としてコンシューマー事業の位置づけが明確でないと感じる

新規投資に関して

- 短期的利益を犠牲にしても投資する部分も必要だと思うが、確信の持てる戦略を描き切れていないために、それができていないと感じる
- 今の雰囲気では「100億円投資したい」といっても、相手にされないのではないかと思ってしまい、真剣に考えられていない
- 検討したいと思っていることはあるが、私の持っている予算では全く足りない
- 一番欲しいのはフィナンシャルな支援
- 心理的なバリアがあって、なかなか大型投資の提案をしづらい
- 新しいことをやるための別財布が必要ではないか
- 資金があっても、よい使い道の提案が出てこない

評価の問題

- 評価指標が短期成果重視になっている
- 評価が「計画値との比較」なので、どうしても現業優先となる
- 新しいことをやって失敗するとボーナスが下がるが、何もしなければ平均値となるのだから、「積極的に新しいことをやろう」とならない

図表3-4　役員マインドマップ

役員の問題意識
（インタビュー結果抜粋）

合宿への期待

- 合宿を通じて、自分たちのミッションが「会社全体を考えること」である、という気づきを得られるとよい
- 緊急度ではなく、重要度を優先させることが自分たちの宿命ということに合意したい

「実行」における課題

- 阻害要因はやはり「人と組織」。どうしても部分最適になる。それを乗り越える仕組み、人事を行う必要がある
- ビジネスモデル転換の必要性（両事業部とも）は共有していると思うが、「いつまでに、どうやって実現するか」はまだ詰め切れていない

将来に向けた検討について

- 会社として全社企画の機能が弱いと感じる（企画部批判ではなく、会社の課題として）
- 今の企画部は年間スケジュールをこなすことで手一杯のように見える。これでは会社の進むべき方向を提示できなくて当たり前
- 他社はトップダウンでクライアントと実証実験などをやっているが、当社はそういうことができていない（精密）
- 新しいことを考えられる人たちで、新しいことを考える専任の組織を作るべき（今の企画部は年配中心の取りまとめ機能のみ）
- 新しいことのプランニングが弱い。下手
- 新しいことをやる人材が足りない
- スピードが一番の問題。お客の変化のスピードに全くついていけない
- 商品企画も「既存」がメインとなり、「新しいこと」に気が回らない

検討の遅れ、漏れ

- シナジーの議論に目が行きがちだが、本丸の戦略が遅れている
- 中計上のテーマ以外にも本来検討したいと思っているものがある
- 「考えても良い」ということであれば、検討したいことがあるが、検討するにも人・金・時間が必要
- 既存の延長ではなく、本来必要なことをやるためにどうするか？　覚悟を決める段階に来ていると感じる
- 人とカネをどこに投資するか、メリハリをつけてやる必要あり

社風、思考様式

- 当社は短期志向が強すぎる
- 現場は「今やること」に精一杯。新しいことへの挑戦に時間を割けない
- 目先の数字に固執する画が強い。強みでもあるが、それだけでは「夢」がない
- （リーダーとして）「新しいことに挑戦しよう」と言っているが、社員との対話会に出てみると、現場には全く伝わっていない
- 当社の社風はあまり「夢」を語りたがらない。本来は「夢」が全ての原動力だと思うので、そこを変える必要を感じる
- 昔は比較的風通しの良い会社だったが、「大きな会社」になってしまった（官僚的になった）
- 決まったことをやりきることは得意
- 会議体が多すぎる

題だけではなく、上部の経営課題に関する問題意識についても問いを立てて話を聞いています。

先にインタビューしたトップの思いや問題意識をしっかりと共有しつつ、さまざまな角度からの問いによって、役員のありのままの思いを引き出しています。日頃はあまり口にしないような今の会社の経営課題に関する問題意識、ひそかに抱いている思いやモヤモヤなどを率直に話したくなるような、突っ込んだ問いをぶつけることがポイントです。

それと同時に、「調整文化から挑戦文化へ」と価値観を転換していく変革のグランドデザインや、それをリードする経営陣のミッション、当事者としての姿勢など、チームビルディングの核となる「目的」に関する情報も共有しておきます。

このインタビューによって、どのくらい率直に語ってくれる人が出てくるかが合宿の成功を見通すバロメータになります。

役員の側にしてみれば、合宿が実際どのような場になるのか、まだ想像がつかない段階です。しかし、トップ層の赤裸々な問題意識（図表3－3）を一緒に見ながらやりとりをすると、比較的率直に自分の抱えているモヤモヤを語ってくれる人が多いというのが実感です。

＊　ポイントは氷山モデルの上と下、両方の問題をバランスよく引き出すことです。氷山の上の部分の（とりわけ経営戦略に関わる）問題を整理することで事の重大さを認識し、それを解決するために、その背後にある氷山の下の部分の（企業文化の）問題を議論することの重要さが理解されるからです。

【プロセス③】社長と現状認識を合わせる〈役員インタビュー結果の共有〉

役員のインタビュー結果が整理できた段階で、「役員マインドマップ」を使ってインタビュー結果を社長と共有します。

ケースストーリーでは、この時、社長はマインドマップに釘付けになりました。予想とは大きく違ったその内容を見て、社長の役員に対する認識は大きく変わり、戸惑いながらもそれを受け止め、チームづくりに対する期待が芽生えます。さらに、議論を積み重ねて次のステージに進んでいこうという前向きな選択にもつながっています。

＊「当社はあまり夢を語りたがらない」、「短期志向が強い」、「新しいことに挑戦しようと言っているが、社員との対話会に出てみると、現場にはまったく伝わっていない」、「精密機器部門はあと2、3年はもつだろうが、その先は本当に大丈夫かと不安」、「自信のある戦略を描ききれていないために新規投資の提案ができていない」、「別々の会社が無理やり一つになっているような面がある」、「お互いの戦略や、何をしているか、深いところを知らない」、「心理的なバリアがあって、なかなか大型投資の提案をしづらい」、「評価指標が短期成果重視になっている」、「新しいことをやって失敗するとボーナスが下がるが、何もしなければ平均値となるのだから、積極的に新しいことをやろう、とならない」、といった役員陣の不安や自己批判、本音の意見が率直に語られていることが重要な意味を持つのです。

ただし、このマインドマップの声は率直ではあっても、問題に対する態度は傍観者の域を出ないものであることが多いため、同時に、社長は役員たちが「自社の将来に対して、真の当事者になりきれていない」という事実を知ることになります。

3　役員を真のチームにする――合宿当日

東洋精電の役員合宿は18年12月に実施されました。

参加者は新任の二事業部長を含む取締役、執行役員の7名です。橋本社長の「今日明日のメシに困る状況にはない。しかし将来のことを考えると危機感を持っている」「外部を入れて戦略策定などを進めてきたが、事業部の壁を超えた動きが出てこない」「新任役員を含めて真のチームになってほしい」という問題意識が起点でした。

ここでケースストーリーの番外編として合宿当日の様子を覗いてみましょう。

CASE STORY 番外編

常識・固定観念がくつがえる驚きの体験

役員にとって初体験のチームビルディング合宿は、しょっぱなからプロセスデザイナーの水島に自分と向き合わざるをえない厳しい投げかけをされたことに始まり、物理的なセットアップから、2日間の時間の使い方、プロセスデザインの考え方など、初物づくしのインパクトの強いものだった。

まず、車座形式に椅子が並べられ、机は置かれていない。自分の前に何もないことは思いのほか落ちつかないものだが、効果としては参加者間の意識的な距離がグッと近くなる。

「予定調和的なゴール設定はありません。やってみなければわからないですからね」と冒頭でこともなげに言う水島の説明にも意表を突かれた。考えてみれば、これまでの会社生活の中で「ゴール設定をせずに時間を使う」ことなどあっただろうか。

初日の午後からは、1人30分以上の自己紹介のロングバージョンのような「ジブンガタリ」と称する語りに4時間半をかけた。幼い頃の自分に影響を与えたであろう思い出に始まり、単なる職歴ではない会社生活で記憶に残る体験を、各自が思い思いに語るという仕掛けにも驚かされた。

通常の社内の会議では、「人間としての個人」を消し去って「役割人間」としてふるまうことが組織人の大前提である。しかし、この合宿では「立場を離れて」発言すること、「一人の人間として」発言することが求められている。日頃やっていないことをやってみるとこれが意外に難しい。

チームが一丸となって事を推し進めることができるようになるためには、最初の段階で、お互いに信頼関係をつくる必要がある。とはいえ、頭では理解しても簡単にできることではない。合宿の初日はそこにしっかりと時間をかけるわけだ。

2日目は、社長の橋本は参加せず、役員だけで議論を続けた。「論理的な認識のギャップを埋める」ため、午前中は「役員がチームになって検討すべき真の課題は何か」を議論し、10のテーマを抽出した。午後は、「どうやって第一歩を踏み出すか」の議論に時間を費やし、最終的にはその行動スケジュールまでを即決した。

2日間を通じて、予定調和的な進め方は一切されなかったにもかかわらず、結果としてのアウトプットは参加者の予想をはるかに超えたものだった。特別な前提を置くことなしに議論を進めた結果、「本当はこういうことを解決する必要がある」と皆が納得したテーマが10も列挙され、それに対して自発的に「これは私が責任を持って進める」と、担当者まで簡単に決まったのである。

通常ならば、なるべく貧乏くじは引きたくない、面倒な仕事は引き受けたくないという意識が働き、担当者を決めるのにも四苦八苦していた。しかし、今回に関しては一切そうした危惧はなかった。

当事者になるための「腹落ち」の要件

役員チームビルディングの合宿プロセスでめざすのは、「会社を変えていく起点になりえるのは自分たちしかいない」という事実を自覚し、腹落ちすることで参加役員の当事者レベルが高まり、それが本気のチームづくりの出発点になることです。

その状態をつくるための二大要件は、前述した「心理的安全性の醸成」と「（役員間の）論理的なギャップの解消」です。

心理的安全性を醸成するため、お互いの「感情的なギャップを埋める」こと、そして「調整文化の中に挑戦文化の花を咲かせるために必要な価値観」と向き合うことに初日の時間をすべて費やすのはそのためです。

翌日は「論理的なギャップの解消」のための経営課題を顕在化させ、整理するための議論に時間を割きます。

図表3-5　腹落ちマトリクス

- 人は腹に落ちなければ動かない
- 真の「腹落ち」には、感情的なギャップを埋めたうえで、論理的なギャップを埋めない限り到達することはできない

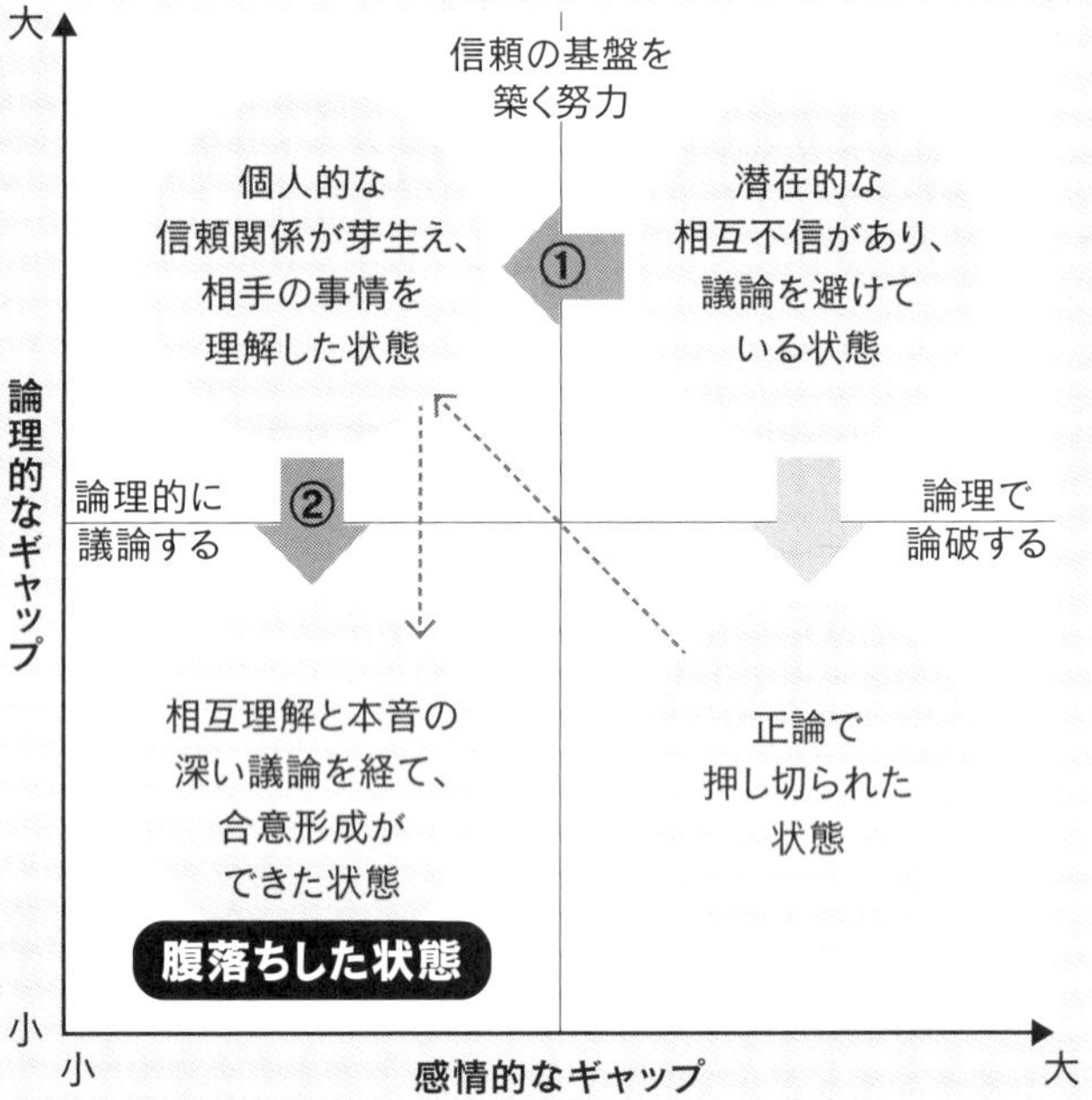

出所：森田元、田中宏明他著　『戦略キャンプ』（ダイヤモンド社）

この2つのプロセスと時間の使い方を「腹落ちマトリクス」（図表3－5）を使いながら参加者（社長と役員）と共有し、表中にあるようなコンセプトを理解していきます。

まず、横軸の「感情的なギャップ」を埋めて、信頼の基盤を築く努力を重ねます。お互いの意見の背景にある相手の事情を十分に理解した状態になってこそ、本音で論理的に議論することが可能になります。真に「論理的なギャップ」が解消されれば、双方が納得のいく合意を形成することができるのです。こうした腹落ちした状態での議論を尽くしてはじめて、合意による解決策は実現可能になるのです。

このようなプロセスを経て、社長のコミットメントの意味も一段と高まります。

人間は感情の生き物です。理屈で論破されても感情で納得できない時には腹落ちしません。図の縦軸の論理的なギャップを埋めようとするとき、ディベートなどでは、議論に勝つことが優先され性急に論理で論破します（図の右上から右下への動き）。しかし、相手にしてみれば正論で押し切られた状態であり、腹の底から納得しているわけではない状況がしばしば生じます。

日本企業の場合は、この状態のままで実行段階に入ると、「面従腹背」や「やってるふり」をするだけで協力しない、といったことが頻繁に起こります。

チームレベルを評価する

めざすものに向かう突破力は「連携性×挑戦力」

チームというのは、そもそも人間の集団が何事かを一緒にめざすことで生まれます。そういう意味では、単に「人が集まって仲良くしている」状態をチームと呼ぶのではありません。めざすものを共有することで生まれるチームは、めざすものに向かうための「突破力」を大なり小なり持っています。そして、チームが持つ突破力のレベルで「チームの質」も決まります。

調整文化から挑戦文化へと転換をリードしていく経営チームには、そういう意味での質の高さ、つまり突破力のレベルを上げていくことが必要です。これまで慣れ親しんできた安定の文化を脱して新たな方向へと舵を切るためには、いくつもの壁を打破していくブレークスルーの大きなエネルギーが必要だからです。

突破力を分解すると、その中身は「挑戦力」と「連携性」に分かれます。つながり協力する力である連携性と、失敗を恐れない行動力である挑戦力（言い換えればプロフェショナリティ）の掛け算で生まれる力が突破力なのです。

このような観点から、役員チームレベルを2つの指標の5段階レベルで見ていこうというのが、図表3－6－1、3－6－2のレベルスケールです。

難局を打開できる役員チームには、いずれもレベル3以上が求められます。東洋精電の初回の役員合宿においては、「どちらも1から1・5あたり」というのが大方の自己評価でした。それが役員合宿後に本格的に活動を始めてから1年後には、ほぼレベル2を達成し、さらに活動が周辺へと広がるにつれてレベル3へと近づいています。

「連携性レベル」は「役員同士の関係性」のレベルを評価するものです。

＊「0：所掌に限定して責任を果たす役員陣」➡「1：表向きは仲が良い役員陣」➡「2：問題を出し合い、キャッチボールができる経営チーム」➡「3：経営視点で議論をする経営チーム」➡「4：連携力が突破力をつくっている経営チーム」とレベルが上がっていきます。

レベル3以上はかなり高度なチームです。多くの日本企業の実態は、良くて「1：表向きは仲が良い役員陣」のレベルではないかと思います。自社に当てはめて考えてみてはどうでしょうか？

共感力の高い日本人にとって、連携性レベルを向上させるのは比較的簡単だと感じるかもしれません。しかし、実際にやってみると、レベル3以上を達成するには相当の時間と仕掛

図表3-6-1　役員陣のチームレベル（連携性×挑戦力）

〈連携性レベル〉

Level4　**【連携力が突破力をつくっている経営チーム】**

- 難しいテーマに、試行錯誤で答えにたどり着く、が定着
- お互いの強みをチームの強みとして活用していく経営施策が打ち出せている
- 共有された行動基準・判断基準に基づき、将来を見据えた、積み重なる議論が臨機応変に行なえる
- 強い個性や気質の違いを包み込み、仲間の良さを引き出すことが当たり前になりつつある

Level3　**【経営視点で議論をする経営チーム】**

- 衆知を集めて推進者が決める試行錯誤のプロセスが回り始めている
- お互い同士の「問い返し」に抵抗がなくなり、質が高く積み上がり感のある議論ができつつある
- 全社視点での議論が日常的に行なわれ、「めざすもの」に基づく判断基準の共有がかなり意識されている
- 時として「傍観者的になる自分」とも向き合い、互いに自分たちを見直そうとする姿勢ができている

Level2　**【問題を出し合い、キャッチボールができる経営チーム】**

- 試行錯誤の必要性、重要性が認識され始めている
- 定期的な対話の場が用意され、部門横断的な経営課題を互いの立場を忖度しながらも議論はできる
- 「めざすもの」を共有することが、経営チームとしての優先事項として定期的な議論の対象となっている
- 互いの「好き嫌い」はさておき、「めざすもの」の共有の大切さは理解でき、共有する必要も感じている

Level1　**【表向きは仲が良い役員陣】**

- 指示は基本的に一方通行. 継続的な対話の場はない
- ゴルフの話などは仲良くでき、盛り上がることもしばしばある。執行責任の範囲で目標は持っている
- 「話しにくい肝心なこと」は十分には話せていないものの、関係性は決して悪いわけではない
- お互いの相互不干渉が当たり前で、チームとしての行動基準・判断基準は共有していない

Level0　**【所掌に限定して責任を果たす役員陣】**

- 好き嫌いに左右され、必要最低限の会話しかしていないし、対話の必要性も感じてはいない
- 表面上は平穏だが、中身的には互いの信頼関係はないに等しい
- 自分たちが話し合わないため、部下どうしが調整事項に時間を取られることが多い
- それぞれに自分の所掌業務はまじめにこなしている

図表3-6-2　役員陣のチームレベル（連携性×挑戦力）

〈挑戦力レベル〉

Level4【異質を生かし、常識を超えるイノベーションを起こしていく挑戦】

- 制約条件を超える挑戦（質の高い対話に基づく試行錯誤）が経営陣の基本姿勢となっている
- 制約条件にとらわれない未来のありたい姿を視野に置き、共有された判断基準でイノベーションを推進

Level3【制約条件にとらわれない挑戦】

- 制約条件そのものを問い直し、ブレークスルーしようとしている
- 従来からの常識（制約条件）にとらわれない「ありたい姿」をめざすための変革を推進している
- 従来の業界常識を上回る目標値をめざした経営を推進しうる環境（判断基準の共有等）を整備しつつある
- 主体的な喜びで仕事に立ち向かう生活を送っている。仕事に追いかけられてはいないため心の余裕がある

Level2【制約条件と向き合いながらもその範囲内での挑戦】

- 制約条件の範囲を超えたテーマにも向き合う姿勢がある
- 全社的な視野から自分のミッションの「問い直し」の必要性、制約条件を見直す必要を感じている
- 基本的には既存の制約条件の範囲内でものごとを考え、処理しがちな自分と葛藤している
- まず業界水準に追いつく、という目線でミッションを認識しており、比較的短期的な課題に取り組んでいる

Level1【経営の執行責任の一端を担う役割認識】

- 制約条件の範囲での不具合対策が仕事になっている
- 与えられた目標を制約条件の範囲で、自分の判断で動き責任を全うする、という意識がある
- 制約条件の範囲を超えなくては成し遂げられないことを心の中では考えている。作法に基づいて発言する
- 判断しかねるテーマに直面した場合（周りとの相談、上長への報告・相談）に遅れがしばしば起こる

Level0【功成り名遂げた役員】

- 制約条件に完璧に縛られていることを認識できていない
- 自分の専門領域で実績をつくってきており、高い処理能力で仕事をさばくことができていた
- 基本的に指示命令に従って仕事をこなしてきたので、管掌のラインに指示を出すのが役割だと認識している
- 役割を担うプレッシャーは重く、会社を離れたところでも仕事に追われている気分から脱け出せない（家にいるときにも仕事のプレッシャーで、ぼーっとしたり、暗い気持ちになることがしばしばある）

けが必要です。

「挑戦力レベル」は役員一人ひとりが「どれだけプロであるか」を問うものです。ここでいう「プロ」とは、「プロサッカーの選手」などと言う場合のそれと同様の意味であり、単に専門性の高さを指すものではありません。

＊　Jリーグ初代チェアマンとして日本のサッカー界に変革をもたらした川淵三郎氏はかつてインタビューで「プロとアマでは月とスッポン」と答えています。アマチュア選手は生業があり、そちらで生活が保障されている。一方、プロ選手は生活が保障されていないが、頑張れば頑張るほど高い収入を得ることができます。「プロとアマでは一生懸命さが違う。アマは現状維持で良いが、プロはつねに向上し続けないとやっていけない」と川淵氏は語っています。

本来、役員は「プロ」であるべきですが、現状からレベル3以上をめざすのは容易ではありません。しかし、もう一方の分解軸である「連携性」を高めながら、役員同士がチームとして切磋琢磨することで「挑戦力」レベルも向上します。

「めざす状態」からの距離と方向をつかむ

さらに図表3－7のように、連携性のレベルを横軸に、挑戦力のレベルを縦軸にして、自社の評価を位置づけると、めざす状態からの距離と方向がつかめます。

＊　高度成長時代の日本企業はプロフェッショナルのレベルは低かったものの、チームの連携性は高いレベルにありました。現在の日本企業はというと、いずれも低位に甘んじています。欧米の競争相手はプロフェッショナルのレベルは高いが連携性が低いため、日本企業が「めざす状態」としては、かつての強みだった連携力を取り戻し、両方を高めて優位性をつくっていく方向が考えられます。

役員のチームビルディングのプロセスや継続的な議論の場では、自己評価のレビューが有効です。

図表3－7に、自社のポジションとめざす位置をプロットしてみましょう。そのうえで、どうすれば両軸でより高いレベルを狙えるのか、どこに力点を置くか、議論を重ね、試行錯誤を続けることが大切です。

日本企業が役員のチームレベルを高めようとするのであれば、第Ⅱ部で解説する「調整文化」という根深い障害に対する根本的な問題の理解なしには実現しないでしょう。

4　意味や価値を再確認する――社長への合宿結果報告

社長のスケジュールは通常、極めてタイトなものですが、だからといって社長に対する合宿の結果報告を後回しにするのはＮＧです。というのも、結果報告というのは形式であり、

図表3-7　役員層チームビルディングの要素

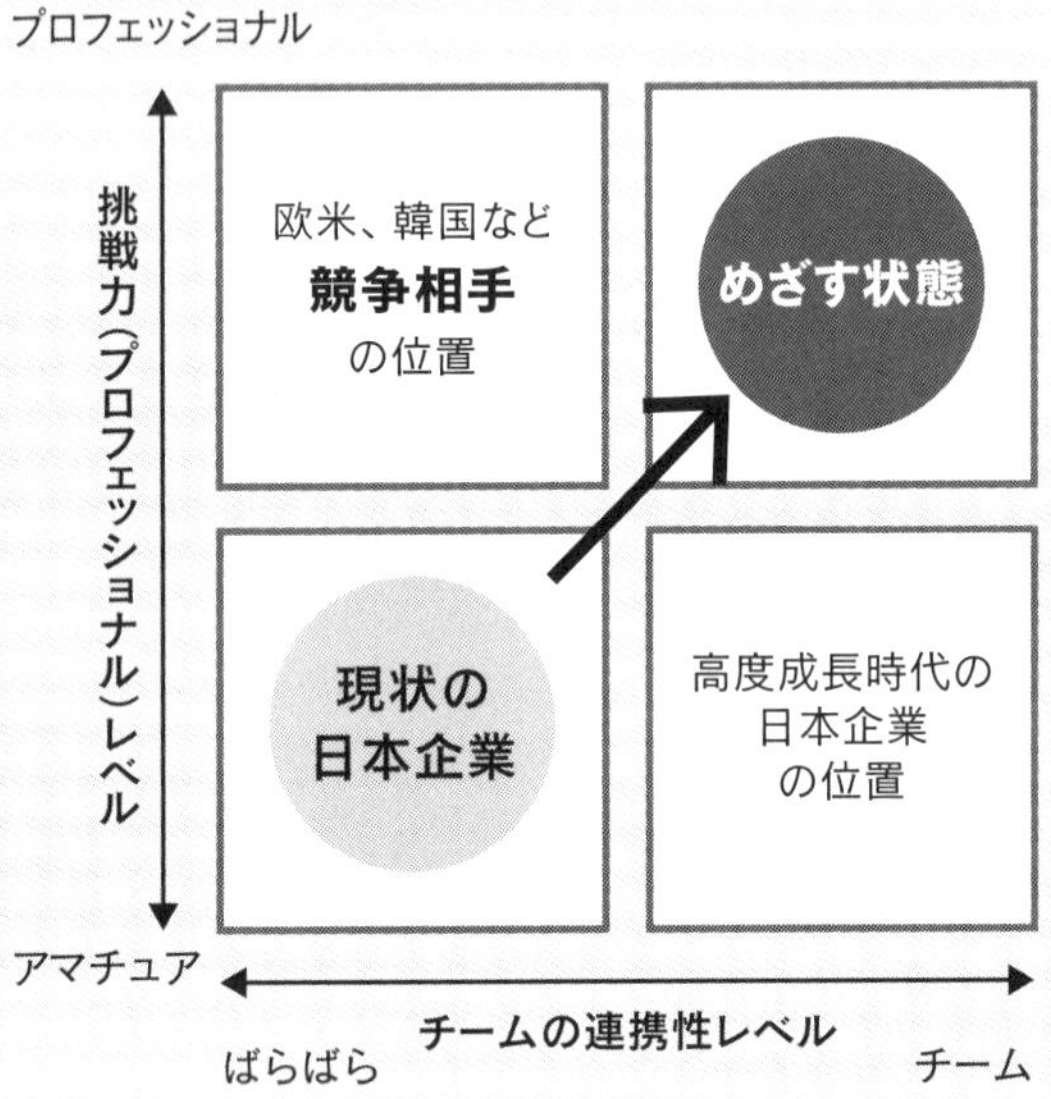

中身としては、合宿で実際にやった事実を確認しながら、合宿の意味や価値を再度整理し、確認する場だからです。

テーマの一つ目は、こうした場の果たす役割をもう一度確認し、その経験を会社の中で有効に使うには何をしていけばいいのかを考えることです。

参加者である役員個々の間に基本的な信頼関係、安心感のあるなしが議論の質にじつは大きく関わっていることを、結果を見ながら再確認します。信頼関係がない状態では、一見すると互いに真剣に議論をしているかに見えて、実際には無難な話を活発にしているだけという傾向が顕著に見られるのです。

気をつけなくてはならないのは、通常の、何も信頼関係をつくるための手が特に打たれていない議論の場は、仲が悪いわけではなくても基本的に信頼関係の希薄な場だということです。しかし、〝信頼関係にアンテナが立っていない〟と、そもそものことに気づきません。そのアンテナを立てる意味でも、お互いの間に心理的な安心感のあるなしが場の質に大きく関連する、ということを何度も確認する必要があるのです。

もう一つは、傍観者・評論家の姿勢と当事者の姿勢とに大きな違いがあることの確認です。それが参加者に体感できているかどうかはともかく、少なくとも頭では理解できているかどうかをふり返ることが重要です。経営チームのメンバーの当事者度が高まることはチームビルディングの中心的な目的だからです。

そうしたことを踏まえ、経営がチームになりえるという実感を多くの参加者が持つことができたことが、この段階における最大の収穫であることを社長と確認します。自分達は現状ではまだまだチーム度が低いレベルにあるということを自認することが、経営チームビルディングの出発点なのです。

さらに、経営幹部として検討すべき本来的な重要テーマが導き出され、アクションプランの合意にまで至っていれば、合宿のプロセスに対する評価はおおむね良好だと言えるでしょう。

＊　東洋精電のケースでは役員合宿の成果として、「参加者の当事者レベルが向上した」、「経営幹部としてチームになる必要性の共通認識が形成された」、「経営幹部として検討すべき本来の重要テーマを導出し、アクションプランも合意した」、「参加者の合宿に対する評価はおおむね良好だった」ことが社長に報告されました。参加者が合宿に手応えを感じたことは、参加者の一人であるCE事業部長が合宿の翌々日に自事業部の人材開発担当者を呼んで、自部門で同様の取り組みを検討するよう指示を出したことでもわかります。

5　各部門、各層へ動きを広げる——持続のプロセスづくり

合宿で得られた役員相互の「深さのある信頼関係の形成」という初期の成果は、次の段階

へと変化しながら階層、部門を超えて連携を拡大していくための大事な前提条件になります。しかし、多くの会社では、互いを知り合い緊密度が増したという役員合宿の目先の成果に満足して、ここで立ち止まってしまうことがしばしばです。その結果、経営のチームビルディングの成果も限られたものになっています。単発に終わらせるのでは単なるイベントの成功になってしまい、会社が変わるというダイナミックな成果にまでは結びつきません。

言うまでもなく「役員チームをつくる」ことは、それ自体が目的ではありません。チームはあくまで手段です。手段であるチームとその連携を拡大していくことで、簡単には達成できそうにもない困難な経営課題、たとえばビジネスモデルの転換や新規市場創出といった戦略的な課題を成し遂げることが目的なのです。

変化の気運をつくる〈フォローミーティング〉

東洋精電の場合、合宿前までは、いくつかの重要な経営課題が未解決、もしくは手つかずのままに残されていました。問題が複雑なうえに、さまざまな利害関係も複雑だったという理由で正式な経営課題にはなり得ずに宙に浮いていたのです。しかし、役員合宿で問題提起があり、正式にテーマとして取り上げられることになりました。

今まで「見なかったこと」にして棚上げしてきた難課題を、正式に経営課題として取り上げるためには、経営トップである社長と一緒に解決に向かおうというチームとしての信頼と挑戦の気運が必要だったのです。

「考える」時間、議論の場を継続する

合宿のアフターフォローとして続けたいのが、忙しい役員の「考える」時間を確保して行なう半日オフサイトミーティングです。合宿の熱と勢いが冷めないうちに次の展開へとつないでいくのがフォローミーティングの役割です。

最初の数回は、企業に挑戦文化を根づかせるため、経営チームとして身につけておきたい価値観や、変化の時代に不可欠な物事の進め方である「**プロセスデザイン**」という方法論をテーマにします（第４章を参照）。

継続的な役員の議論は、課題への取り組みの展開や当事者ネットワークの拡大につながります。気楽にまじめに互いの持っている情報や意見を交換する土壌をつくりながら、並行して、経営に必要な技術や知識の基礎を学ぶなど、派生的な勉強会を併設していくのです。

戦略の勉強しかり、経営再建に関する基礎的な知識を学ぶことなども含めて、質の高い経営を実行できる知識とスキルを身につけていきます。こうした動き、プロセスの積み重ねに

よって相乗効果を高めることで、変化のスピードは早くなり、多様な成果につながっていくのです。

明日のリーダーを育てる〈次世代幹部候補のチームビルディング〉

役員の一人ひとりが新たな挑戦文化の価値観や、プロセスデザインのような変化に対応していく物事の進め方、経営の技術などを身につけていくことは必須です。しかし、学ぶだけで変革がなされるわけではありません。こうした価値観や方法論を現実の活動に応用しながら、改革の取り組みを同時並行的に進めていく必要があります。

最初の合宿で今までとは違う確かな手ごたえを感じたそれぞれの部門トップは、自部門でも同じような試みをスタートさせています。

戦略的課題に取り組み、全体像をつかむ

東洋精電で、最初に派生的な動きを起こしたのは、CE事業部長でした。

対象は事業部の次世代幹部候補のメンバーです。彼らはいずれも仕事のできるメンバーな

のですが、事業部長の目から見ると、どこか危機感が不足していて何か物足りない。それぞれの仕事の拠点も離れているため日常的に接する機会も少なく、横のコミュニケーションも十分にとれているとは言えない。このまま事業部の幹部になるには骨が弱い。事業部長のそんな問題意識が起点となり、一泊二日の合宿が計画されます。

＊　基本的には初回の役員合宿と同じように、事業部トップへの事前インタビューをして、その後に合宿参加者全員へのインタビュー、そこでの問題意識をとりまとめたマインドマップを作成し、それを使ってオフサイトミーティングを行なう、という要領で進みます。合宿後の事業部トップへの報告、アフターフォローの手順についても役員合宿に準ずる設定です。

次世代幹部候補（部長クラス）は、基本的に自分が担当している部署に関する情報にしか関心が向かず、事業部経営の全体を見ようという姿勢も希薄でした。というのも「より高い視座で、事業部全体を見る」機会を今まで持っていなかったからです。

「5年後先までの戦略は中期経営計画などで定義されているが、さらに将来の自分たちのありたい姿はまだ描けていない」「拠点が国内、海外共に分散しており、従業員がお互いを知り合う機会も限られている」「幹部クラスが真のチームになれているのか不明である」という事業部長の問題意識を踏まえて、「どうすれば次世代を担う幹部が中期経営計画などに謳われている本事業部の成長戦略を自分たちのものと感じるようになるか」「どうすれば自分たちで将来のありたい姿を描くために動き出すのか」「いかにして次代を担う幹部候補が自らの将来を描いていく当事者として変革に向けた主体的な行動をとり始めるか」が合宿のテーマに設定されました。

役員合宿との違いは、事業部全体の経営状態を理解するための経営数値、市場における自分たちの位置づけを理解するための市場データなどを合宿、及びその後のフォローアップミーティングで活用したことです。

役員の合宿では取り上げることのなかったこうした経営数値データを、自分の手を動かして分析してみることで、事業部の全体像をつかむという経験は貴重です。今まではぼんやりとしか持ってはいなかった危機感は、こうしたファクトを扱うプロセスを通じた現状認識によって鮮明になるのです。

この取り組みは次の展開へと発展します。

CE事業部における次世代幹部育成の取り組みの成果を耳にした生産本部長がさっそく自部門でも次世代幹部育成の活動を開始したのです。真の経営チームとなり、見違えるように風通しの良くなった東洋精電の役員層ならではの動きと言えます。

有用な活動の情報はすぐに上層部の間で横に伝わり、良いと思えば自発的に自部門にも取り込む。役員同士の連携によって、相互に刺激し合い、変化が増幅していくダイナミックな好循環が働き始めているのです。

東洋精電においては、キックオフから1年ほどで、次世代リーダー層のチームビルディングが事業部を超えて全社に広がりつつあります。

自分たちの手で固い殻を破って挑戦文化へとシフトしていく、大きな第一歩が刻まれたということです。

第Ⅱ部

問題の根本的解決法

「挑戦文化」へ舵を切る

第Ⅱ部では、日本の根本的な改革を妨げてきた「調整文化」とは何か、負の連鎖を断ち切って現場発の「挑戦文化」の花をどう咲かせればよいか、役員がチームになることで組織文化を変えて新陳代謝を開始していく道筋を説き明かします。

第4章

なぜ企業価値は高まらないのか

経営の足を引っ張る調整文化

1　日本企業の3大課題の根っこにある問題

調整文化の空気感を身にまとっている日本企業

日本企業には、長年、莫大な労力とコストをかけてさまざまな改革に取り組みながらも、頑として手をつけられなかった積み残し領域があります。じつは、社員に「変われ」と言って「社員を変えようとしてきた経営自身」が変わっていない、ということです。

年々、企業が生き残ることさえ難しくなっていく環境の中で、持続可能な価値を持つ存在であり続けるためには、さすがに企業経営も今までのような伝統と慣行重視の安定志向ではいられません。

今のように、国際間の問題が世界経済にすぐさま跳ね返るような想定外の事態が多発するようになると、企業もそれに即応し、各部で自律的に対応していくことが必要です。組織の現場がコミュニケーションしながら外界の変化に対応していくと同時に、経営自身も自己変革し、経営のスピードを上げて、会社の舵取りにリーダーシップを発揮していくことが不可欠なのです。

今世紀のような先の読めない時代を前提条件とするなら、企業が変化に対応していくための〝かなめ〟は、何といっても船の舵を握る経営にあります。

混沌とした時代のなかで自社の存在意義とめざす先を定め、素早く方向転換をして、「仮説で試行錯誤を始めることができる経営のスピード（意思決定と実行の早さ）」と、それを支える「挑戦文化」は、今日の企業経営の要件です。

そんな新時代の経営に転換していく方法と能力を新たに身につけることが、日本企業が長い低迷のトンネルから脱するための焦点になると私は考えています。

【日本企業が克服すべき3大課題】

1　先進国としては異常に低い生産性の伸び
2　意思決定と実行スピードの遅さ（進まない新陳代謝）
3　新しい試みの成功確率の低さ

2　先進国としては異常に低い生産性の伸び

「働き率」の低さは昔の電球なみ——隠れムダ仕事で消費するエネルギー

　あらためて、生産性といえば、投入した資源に対して創出した「付加価値」の割合をいいます。わかりやすいのは、顧客の求める価値や品質を基準にして動く工場のような製造職場でしょう。

たとえば、トヨタのような改善文化を持つ日本のものづくりの現場では、日常的に仕事の流れや作業を見直し、ムダを削減していく効率化が徹底して行なわれています。その改善においては、付加価値を高める仕事を「働き」とし、原価を増やして価値を生まない仕事は単なる「動き（ムダ）」と見なして削減対象にします。

　つまり、生産性を高めるとは、付加価値の高い仕事に集中していくために、プロセスにあるムダな動きを減らし、仕事に占める「働き」の割合を増やして「働き率」を高めることが

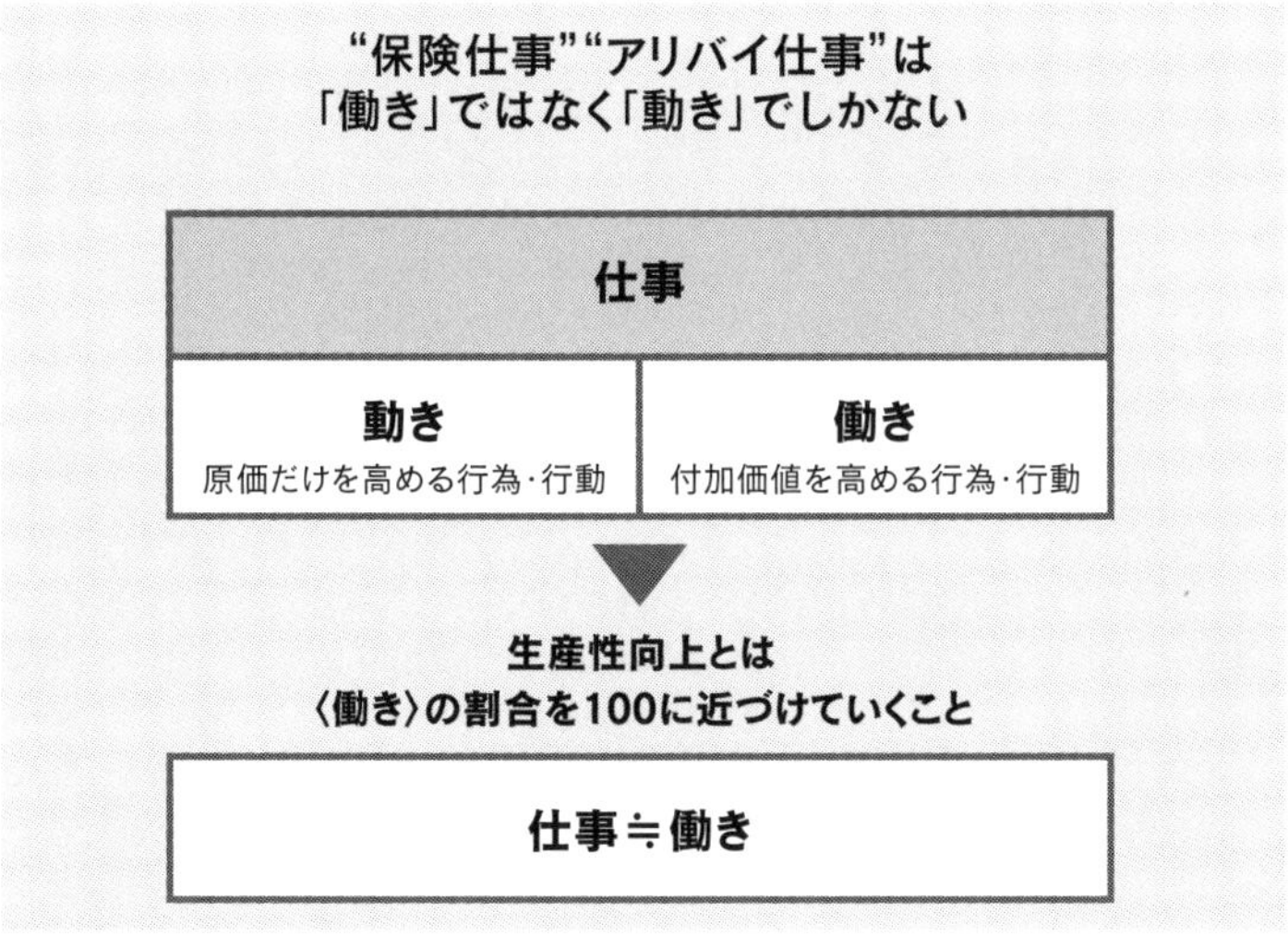
“保険仕事”“アリバイ仕事”は
「働き」ではなく「動き」でしかない
仕事
動き
原価だけを高める行為・行動
働き
付加価値を高める行為・行動
生産性向上とは
〈働き〉の割合を100に近づけていくこと
仕事≒働き

焦点なのです。同じように、間接部門を見ていくと、おそらく「働き」と「動き」といった生産性の観点で日常業務を捉えているケースはほとんどないのではないでしょうか。

通常、間接部門は市場や現場からも遠く、経営の直下にあるため、序列という強いタテ関係に縛られて動きがちです。前工程は上役で、上役がお客様ですから、「上から指示されること」ならば中身を問うことはなく、それはすべて〝大事な〟仕事です。おかしいなと思っても逆らうことなどできない〝必要悪の仕事〟、「上から何か言われる前にやっておいたほうがいいこと」「他部署から不備を指摘されないためにやること」のような〝保険仕事〟、さらには「できません」とは言えないために面従腹背でやっているふりをする〝アリバイ仕事〟などが、何の見直しもなく日常業務、ルーティンとして組み込まれているのです。

　これらの仕事は、作法を守ることで忠誠を示す、という集団の秩序を維持することが生み出す「過剰品質」「過剰保険」です。たとえ組織の論理にはかなっていたとしても、客観的には、付加価値を生むことのない「動き」です。

　この自覚のないムダな「動き」は、長時間労働を助長するばかりか、メンタルの問題となって結局は働く人々にシワ寄せされていきます。

　まるで、ぬかるみを歩くようにエネルギーをムダに消費する「働き率」の低いプロセスを抱えた日本企業は、消費電力の9割以上を熱で逃してしまう従来型の白熱電球のようなものです。LEDのような、エネルギー変換効率の高いプロセスで動く欧米企業との生産性の差は開いていく一方でしょう。

　本来、働き方改革は「働き率を高める」ことを主眼にして、人々からよけいなエネルギーを奪っている調整文化に焦点を当て、真っ先に手をつけることが必要です。この本質的な問題が解決されていかないために、日本は労働生産性も、企業収益も低いままの閉塞状態から抜け出せないでいます。

　財務面のそれとは異質の、文化や風土といった〝負の無形遺産〟が経営を圧迫しているのです。

仕事に「価値」の優先順位がつけられない

特に、これからの時代の経営にとって致命的なマイナス要因になるのは、ずっと「手段」だけを考えて仕事をしてきた習慣、仕事を価値づける「目的」について考えることを面倒なことと思ってしまう思考の欠陥です。

そこには「何を大事にして動くか」という企業価値の根幹に関わる規範の問題が含まれています。手段に集中して仕事量をこなすだけのスキームにしか価値を置かない集団になってしまうと、根本的に、企業の付加価値生産性は高まらないからです。

目的よりも手段を先行させ、よけいなことは考えないで作法に従って動く。こうした一種の思考停止状態は、連鎖的に深刻な問題を引き起こしていきます。

そもそも「目的を問う」思考が育たなかったのは、仕事をするうえで「価値」という基準が組み込まれていなかったからです。上司が一方的に指示してやらせる仕事の大半は「実績」をこなすものであり、現場が意味を理解して「価値」の大きい仕事をすること、そこに力を注ぐために優先順位をつけることは求められませんでした。

「何のためにそれをやるのか」「どんな意味や価値があるのか」と目的について考え、議論することが大事なのは、仕事の重要度を「意味があるか否か」で測ることで、具体的な仕事や行動の価値を引き出していくためです。そういう判断基準を持って、目的を具体的に展開し、価値の大きい仕事に費やす時間を増やしていくのです。これは「働き率」を高めるための条件でもあります。

しかし、日本企業の組織で随所に見られるムダな「動き」は、集団の秩序を維持するための作法を守ることを重んじるという基準が、社員に深く浸透しているがゆえに生じている行動です。さらに、序列構造の中では、「意味があるか否か」ではなく、つねに「上の意向」が優先順位を決める判断基準になります。

客観的に見れば価値に結びつかない不合理なものであっても、その文化の中で暮らす我々にとっては、それが合理的な判断です。

それゆえに、作法やしきたりのほうが優先される調整文化の中では、本来、仕事に優先順位をつけるという発想を持てないのです。

今の働き方改革などでは、必ずといっていいほど「仕事の仕方を見直す」という課題が挙がっています。しかし、「目的について考える」思考の姿勢がなければ、「価値の大きい仕事」を見極めることができないため、仕事の優先順位もつけようがありません。結局、形式上の見直し、たとえば残業を減らす、などにとどまります。ムダな仕事も取捨の基準があいまいなままだと、確実に個々の持ち分の中に残っていくのです。

3 実行スピードの遅さ

日本企業のトップダウンは「問い返し」なし
——指示が実行をあやふやにする

日本企業の風土改革では、よく「上意下達型の組織と指示命令型のマネジメント」が問題にされます。なじみの言葉でいえば、「やらせる」マネジメントのスタイルや、それによって生じる「与えられた仕事を黙ってこなすだけ」の状況が、社員のやる気をそぎ、仕事の意欲を低下させ、組織として協力・連携して動くための「人との関係性」を断ってしまうからです。

上からの一方的な押しつけで仕事をやらせるスタイルは、時代の社会通念としても、生活感覚としても、年々、新しい世代の社員には受け入れられなくなっています。今日では、SNSなどで内情が明かされ、ブラック企業だと告発されたり、社員からパワハラで訴えられたり、といった人材採用に支障をきたすリスクも無視できません。

その状態を放置すると、組織としての機能を悪化させるという意味で、「トップダウン」「指示命令」については、それ自体が問題であるかのような空気があります。

しかし、ご存じのように欧米企業では、米国型経営と言われるような、リーダーが強権をきかせて決定した戦略を実行していくトップダウン・アプローチはそれほど珍しくありません。

欧米企業の場合は、ドライな経営と言われるように、CEOのような全権を持つ経営トップが絶対的な責任を背負って戦略を策定し、結果を出すための実行を指示する、というロジカルで明快なマネジメントを行なっています。長年、そのスタイルを貫いてきているわけですが、上からの指示で動く体制や強権的なマネジメントは生産性も高く、日本のように深刻な問題は生じていません。経営の実行を妨げるようなことはほとんどなかったのです。

それはなぜなのか。ここで、日本企業との決定的な違いとして注目すべきなのは、欧米企業の場合、トップダウンというのは「上司と部下は人としては対等である」ことを前提としている、という見逃すことのできない事実です。したがって、トップダウンで実行の指示を受けて動く社員が、指示を理解し納得するために「問い返す」ことなどは、言うまでもなく当たり前になっているのです。

そもそも欧米では、命令しても「受けた人間の異論、反論がありうる」ことが社会通念としても当たり前であり、両者の間でコミュニケーションがなされることが前提になっています。企業においても、そこに人としての上下の意識はなく、指示する側と受ける側、双方向のコミュニケーションによって合意することが基本なのです。

そうした文化的な背景の大きな違いがあることで、命令に対しても、意図や中身がよくわからなければ「問い返し」をするのが当たり前の欧米先進国では、上司からの「押しつけ的な指示」が日本ほどには問題になっていません。

4 意思決定スピードの致命的な遅さ

「みんな」で責任を分け合い「場」に決定をゆだねる会議

組織の安定と調和を重んじる予定調和の文化を保持する日本企業では、経営幹部という立場にあったとしても、自分ひとりが突出することには躊躇があります。意思決定においても、合意形成という形式を重視するあまり「合議」で決めたことにするために、会議がやたらに多いのも特徴です。

外資系企業の経営者やアナリストなどからしばしば聞かれる「日本の経営は意思決定スピードが遅い」という指摘も、その矛先の多くは、合意形成という形を整えることに時間をかけ、意思決定責任者が明確でない経営幹部の会議のあり方に向けられています。

日本企業の会議という形式には、その調整文化に由来する多様な意味が持ち込まれています。文句をつけにくくさせる空気が支配する合意形成の場であったり、異論・反論を封じるための通過儀礼であったり、単なるセレモニーであったりします。会議のベクトルも、本来の使命であるはずの「会社をより良くする」ことをともすれば忘れがちで「ゆらぎを収めて安定を確認する」ことのほうへと働いてしまうのです。

経営会議のように会社の重要な課題を議論し、決める場であっても、予定調和を大切にするのは同じです。

こうしたトップレベルがマネジメントを行使する象徴的な場でも、それぞれは〝言ってもいいことと言ってはならないこと〟の区別をしっかりとつけて場に臨んでいます。そこでも、組織における調整文化の「範」が示され、保持されているのです。

しかし、経営会議を本来の重要な課題を真剣に吟味・検討する場として機能させるには、会社をリードする役員たちが意思を持って意見をぶつけ合い、しっかりと議論を尽くすことが不可欠であることは明らかです。

役員というのは分野の異なる担当部門を管掌し、その現場が直面する問題や環境変化に対応していくための新たなテーマをそれぞれ抱えています。それをテーブルに広げて見せ合うだけでも物議をかもすほど、じつは議論すべきことは山ほどあります。

その場で意見が投げ込まれて会議が紛糾し、優先順位の高いテーマには多くの時間を割かなければ答えが出せない。経営が扱う課題は実戦であり、生ものですから、想定内に収めきることのほうが本来難しいはずです。

こうした議論がなされている企業はもちろんあります。しかし、日本企業の意思決定のスピードが遅いのは議論が尽くされているからではありません。それどころか、こうした議論の少なさが今の日本の停滞を招いているのです。

必要な議論が十分になされていないにもかかわらず、意思決定のスピードは致命的に遅い。その実態はまさに調整文化的な意思決定の仕組みそのものです。

5 「思考停止」がもたらす問題の連鎖

なぜ価値の低い仕事になるのか

安定重視の価値観を暗黙の了解事項とし、調整のメカニズムばかりが強く働く組織では、部下は上司に仕え、上から言われたことに「あうんの呼吸」で反応し、指示されたことをやりきる姿勢を見せます。そのことが身の程をわきまえたあり方だからです。よけいなことや面倒なことは「言わない、やらない、考えない」。それを心得て、与えられた仕事をまじめにやればやるほど、その人の評価は確かなものになります。しかし、そのことの繰り返しが原因で視野が狭まり、思考を縮め、結果として一人ひとりは孤立していきます。

全体として見ると、組織ぐるみで、皆が目の前の業務の執行にしか関心を向けない、一種の「思考停止」状態に陥っていくのが調整文化なのです。

この思考停止状態の陰には、危険な落とし穴が隠れています。問題がまた別の問題を呼ぶという「負の連鎖」です。

思考停止が引き起こす致命的な問題としては、第一に、手段と目的がいつの間にか入れ替わり、手段が目的化してしまうことが挙げられます。「何のために」「どんな意味が」と、価値を基準に仕事の目的について考えることを抜きにして、「どうやるか」の手段のみが独り歩きしてしまうのです。

これは、近年の日本の企業人に顕著に見られるマイナスの特性です。

- **みんな毎日忙しく仕事に追われていて、目の前のことしか考えられない**
- **同じ職場で働いているのに、メンバーとも事務的な用件以外はほとんど話をしない**
- **それぞれに困ったり悩んだりしているのかもしれないけれど、お互いが何を思って、どんな仕事をしていて、どんな状態にあるのかなどは、ほとんど知らない**
- **自分の仕事にはどんな価値があるのか、何のためにやっているのか、会社全体のことや、めざしている方向性もよくわからない**

私たちは幅広い業種、業界の企業でかなりの数のオフサイトミーティング（＝気楽にまじめな話をする対話の場）を行なっていますが、その最初の場で、ほぼ例外なく、参加者が口にするのがこうした職場の状況です。また、公開セミナーのアンケートでも、毎回必ず何人かが自由記入欄に書き込んでいるのを目にします。

これは昨日今日の話ではありません。企業の規模や業界を問わず、職場の人たちのこうした状況は、私たちが組織風土改革の支援をしてきた30年の間、ほぼ変わっていないのです。

かつての、会社に人生を捧げる終身雇用の労働観は変容し始め、近年は、働く人のモチベーションや心身の健康を大事にし、人々の多様性や創造性を生かそうという新しい経営の価値観が市民権を持ち始めています。経営の考え方も、表向きの情報を見る限り、明らかに近代化しているように見えます。

しかし、調整文化そのものに意識が向けられることはなく、職場で働く社員のありようは変化にブレーキがかけられたままです。指示待ち姿勢で、自分の持ち分の仕事をこなすこと以外はよけいなことを考えない。序列社会の体制に組み込まれて、自発性を持つことなく、機械部品のように規律正しく動いていれば評価されるのです。

程度の差こそあれ、こうした状態は日本企業に共通して見られる特徴的なパターンです。

ＶＵＣＡと言われる不確実な時代になり、経営の前提条件がガラリと変わり、会社には、自力で考え抜き、社員の知恵と協力によって「価値を生み出す力」が求められています。ところが、高度経済成長期にはそれなりの成功要因でもあった調整文化の「仕事の作法」が、今まさに会社の足かせになっているのです。

見方を変えれば、それは間違いなく人と組織の能力を低下させ、経営の資源のみならずステークホルダーにとっての企業の未来価値までも毀損しているのです。

手段を目的にすることで「易きに流れる」仕事

手段として「どうやるか」は答えが見つけやすい。それに対して、目的というのは正解が見えづらいものです。

たとえば、○○運動のような継続的な活動や、チャレンジ○○のような抽象度の高いテーマ活動の場合は、ともかく形にして維持していくこと、つねに何かをやり続けること、全体にアピールすること、各所の動きを把握し管理すること……など、それ自体が目的化しがちです。推進責任者が役員ともなると、失敗して顔を潰すわけにはいかないという配下のスタッフの配慮が働き、全社に向けた旗振りの勢いも増します。何はともあれ成立させるために、目に見える手段をアリバイとして先行させてしまうのです。

この時、上の意向として示されたことが漠然として手に負えそうになくても「できません」とは言えません。「わかりました」と言って、受け取ってからスタッフが考えることは、いかにしてやれそうなことをやるか、です。「こういうことですか」と聞き返したり、「それなら、これが必要です」といった提案がしにくい上下関係のもとでは、仕事の判断基準が「できるか、できないか」になり、手段を見つけることが優先目的になるのです。

多くの全社活動で、「何のためにやらされているのかわからない」といった現場からの不満の声が上がるのは、手段が目的化し、形骸化した活動を押しつけられることへの不納得、不信感の表れでしょう。

別に悪意があるわけではなく、物事に対して、目的を考えることなく易きに流れてしまう。大なり小なり、まじめな社員の多い日本企業の場合、目的が不在でも仕事は回っていきます。その指示と実行の間に「面従腹背」の思考が介在し、仕事から目的を喪失させることで成り立ってしまうのです。

反射的に「どうやるか」に神経が働いて、「あうんの呼吸」で動いてしまう。これは、長年にわたって調整文化の中で鍛えてきた神経のなせる業《わざ》、思考習慣の産物といえるでしょう。

［目的を考えない手段思考］

- 目的の意味を考えないでお題目にし、結果を出せそうな手段ばかりに関心を持つ
- 時間がたつと目的を忘れ、手段をうまくやることだけに集中する
- 目的の中身が持つ価値を明確にしないまま、的はずれの手段を乱発する
- 手段のみを考えることで現状が維持され、前提を見直すことがない

●戦略的な思考に欠けて、戦術ばかりが繰り出される

6 新しい試みが成り立たず成功しない

「前提」と「正解」を変えられない——進化を阻む現状維持のメカニズム

過去には経験したことのないVUCAの環境が経営をとりまく今日は、そうした環境に対応して経営をどのように変えていくのか、経営の枠組み自体に大きな転換が求められています。そして、そのための改革や革新には「混乱」がつきものです。

それでも、日本企業が混乱を避けてこれまでどおりに「安定」を重視し、調整文化の枠内でしか動けないとしたら、確かに内部的には秩序が保たれていたとしても、企業としての進化は止まったままの状態が続きます。それが、進化し続ける世界との格差が急速に広がった平成の時代なのです。

平成を失敗の時代にしてしまった日本企業は、何としても、この調整文化のメカニズムを断ち切り、再起していかなければなりません。令和の時代の企業として、環境変化に対応し、躍動的に新しい価値を生み出すことで進化していく、そんな「新陳代謝の挑戦文化」をめざすとするなら、この内なる負の連鎖のメカニズムが改革の最大の敵になるからです。

「新陳代謝」というのは、無用になったもの、寿命がきたものは速やかに捨て去り、新たに必要なものを取り入れて自らを変化させる、ということです。

「何が無用で、何が新たに必要なのか」を判断するためには、自分たちを縛る「枠」になっているものと向き合い、過去の成功と組織の安定を支えてきた「前提」にこそ疑いの目を向ける必要があります。そして、その「前提」を見直すためには、意味や価値に基づいて現状を見直していく「意思と考える力」が不可欠なのです。

このような新陳代謝を機能させる目的思考が調整文化に浸食されてきた21世紀初頭の状況が、日本企業の脱皮をここまで困難なものにしてきたのです。

過去の成功体験を繰り返す

ふり返ってみると、多くの企業が業績悪化に対する目先の対応策として一斉に構造改革、合理化に走った平成の改革は、経営にそれなりの手応え、成功体験を残しました。

すぐに手が打てる人員・設備・資産整理などの合理化は、たとえそれが応急的な措置であったとしても、直面する財務面の危機を回避し、バランスシートを健全性化する、という目標（公約）においては確かな成果を上げうるからです。正規雇用を非正規雇用に変えるというように、固定費を削減して利益を増やし、株主に還元することは社会的にも望まれたようにも見えました。

こうした手段本位の対症療法的なアプローチは、飛躍的な発展は望めないとしても、とりあえずの安定をもたらします。

その後も企業経営には、グローバル化やイノベーション、雇用や働き方の改革など、質の異なる多様な課題が矢継ぎ早に押し寄せます。それに対しても、戦略ポートフォリオの変更や組織改編、推進組織の設置や制度、規則の徹底など、テーマごとの処方薬を投入して対応する前例踏襲が続きました。

経営やビジネスの前提となる背景が変わっても、戦略目的が不在であっても、今までと同じように手を変え品を変えして手段を講じることで、その場その場をしのぎきることは何とかできたのです。

それに対し、時代環境の変化に合わせて「前提」を見直し、新たな視野や立ち位置のもとに、自分たちの経営の価値観や文化を変えていこう、企業としての対応力を高めることをめざそう、というのが健全な「新陳代謝」の働きです。

しかし、上の意向に従い、異を唱えることがご法度の〝閉じた予定調和の社会〟では、たとえ論理的には通用しないとわかっていても、過去からの拠りどころになっている「前提」――成功体験を生んだ背景、序列社会における立場、調整文化の価値観や行動規範――を見直す動きは簡単には起こりません。「このままではいけない」という危機感は生まれても、調整文化で動いている組織が是認されたままだと、目的思考で現状路線を変更するという発想や方法を組織として採用することはないからです。

現状の問い直し、見直しの働かない組織では、改善、改革は唱えられることはあっても、根本的な問題解決、つまり新陳代謝は進みません。イノベーションのような革新などは極めて起こりにくくなっているのです。現状維持の前提の上に、いくら頑張りを重ねても、その努力が企業価値となって実を結ぶことはない、ということです。

正解なき時代も「失敗しない」ことが正解

「答えは一つではない」という見方にふれた時、目からウロコが落ちたようだと言って解き放たれたように目を輝かせた金融系企業の管理職がいました。もう15年ぐらいも前のことです。数字を扱う堅い仕事柄ということもありますが、彼らが仕事をする時の指針は「間違いのない答え」を持って動くこと。それは、何事においても失敗なく確実に結果が出せる唯一の正解があるもの、というメンタリティでした。いろいろやってみて、どうもこれが良さそうだ、という実際的な最善ではなく、最初に勝算としての「正解」を見極めていなければ動けない組織だったのです。

言葉としては変ですが〝正解こそが正しい〟〝正しい答えは一つ〟という「正解信仰」は、閉じた調整文化が根づいた日本の企業に根強く見られる傾向です。

「正解」を重視する組織は、間違いや失敗は「あってはならない」という硬直的な価値観を持っています。失敗することを単純にネガティブに捉えて牽制し、それを避けようとするため、見せかけの満点主義が発達していきます。「従っておればよし」で身の安全をはかり、答えは上から与えられるものとして指示を待ち、その指示の範囲内で動きます。現状を大きく変えるようなことはしないし、前例にないことに挑戦しようという危ない橋など渡りません。

では、方針の決定者であるトップがつねに「正解」を持てているのかというと、そんなことはありません。ＶＵＣＡな時代はトップにしても、じつは最初から「これをやればこうなる」といった具体的な設計を持てない時代だからです。確かに、総論としての方向性までは出せるのですが、実行の各論は詰めきれないのが現実です。「どうやるか」の詳細な指示は出しようがないため、「あとは、みんなで考えてなんとかしよう」と言うほかありません。

しかし、これまでの「正解」一辺倒の価値観だと、現行の方針を転換したり撤回したりすることは、そのまま自らの失策を認めることになります。上は上で、簡単には現状維持をやめられないのです。

「経験にないこと」をやるスキームと文化がない

一寸先は闇のような不確実性の高い環境ともなると、自分たちの会社がどのような方向に進めばいいのか、「めざすもの」はあらかじめ見えているわけではありません。経営課題には取り上げたとしても、それをどのように実現するのか、その手段や工程をあらかじめ特定できないテーマが圧倒的に多くなっています。

ひと昔前なら、企業のめざすものも、「○年後に売上高○○円」とか、「市場シェアナンバーワン」とか、数値目標化し、自信を持って掲げることができました。しかし、今は取りまく環境が激変しました。企業評価のモノサシも成熟し、社員の働きがいや企業文化、社会性や持続可能性など、収益以外の価値も求められるようになっています。最近では、自社の存在意義からめざすものを問い直そうという企業も増えてきているように、めざすものも定性的で、より抽象度の高いものになっています。

ところが、このような抽象度の高いテーマへの取り組みというのは、企業にとってほとんどが経験のないものです。調整文化の企業は、通常「経験にないことをきちんとした計画を持たないままに進める」ためのスキームを持っていません。そのため、現状ではやむなく確信はなくても、とりあえず計画なるものをつくって、予定された行程どおり無理に進めようとするケースが多く見受けられます。計画なしに、漠とした「めざすもの」に向かって何かやるしかないとしたら、行き当たりばったりにならざるをえないからです。

「正解」ではなく「失敗」を前提とする方法論《プロセスデザイン》

「行き当たりばったり」というのは、なりゆき任せで、場当たり的に対応していく無計画な対処法です。これは失敗も多いし、見通しも立たない。何といっても、行き当たりばったりの進め方の欠点は「思いつきのプランが失敗したら終わり」になり、失敗も含めた実行の経験を積み上げ、次に生かしていけないことでしょう。そういう意味で、継続性がなく、成功確率も低いのです。

したがって、近代科学に支えられた企業社会では、これまで欧米流のロジカルな推論で「答え」らしきものを設定し、設計図どおりの工程で計画的に進めていくやり方が主流になってきました。その計画に沿って、指示命令で部下に「やらせる」ことで進捗させていくやり方が効率的で望ましい仕事の進め方だったのです。

しかし、このやり方が日本企業においては不適合を引き起こします。

前に述べたように、近代社会が先進的に発達した欧米の企業と日本企業とでは経営のバックグラウンドが違います。欧米企業の場合は、指示命令も部下にその内容が正確に理解され、上司と部下の両者がきちんと合意することが前提になってマネジメントが機能しています。それに対して、日本企業の場合は、部下が上司に「問い返しがしにくい」主従のような関係であり、「上の指示には黙って従う」という一方通行のマネジメントです。それでも、計画主導で経営ができた時代には、こうした日本企業の機械的な仕事の進め方がマッチしたのです。

しかし、平成の時代に入ると、この「ロジカルで計画的な仕事の進め方」と企業を取りまく環境との間のギャップが際だってきます。平成の時代を通じては、かつてないような経営環境の変化が起こり、従来のような「計画どおり」のやり方が通用しなくなったからです。

それまで当たり前とされてきたロジカルな仕事の進め方は、現実を計画という名の静止画状態で見て、制約条件を固定して扱うものです。これは市場が拡大基調にあるような安定した環境のもとでは有効でした。しかし、ひとたび環境変化が始まり、条件自体が変動するようになると、従来の硬直的な物事の進め方が日本企業の足を引っ張り始めたのです。

「失われた10年、20年……」が日本の問題として取り上げられるようになった時に、まず必要だったのは現実認識の転換です。

というのも、現実というのはつねに揺れ動いています。最初につくった計画値も、実行段階になると予期せぬ事態に直面し、変更を余儀なくされます。そこで大切なことは、つねにリアルタイムで現場の意見を取り入れて、動いている現実のほうに計画を合わせていくこと、状況に応じて計画案の修正を繰り返していくことです。

つまり、正解を最初からつくりきれないことを前提に、計画しきれない目標に取り組み、失敗を前提に模索しながら目標にたどりつくための方法が必要になっているということです。

このような、従来の物事の進め方が環境との不適合を起こしてスタックする、というのは今や日本だけの問題ではありません。今日のＶＵＣＡな環境のもとでは、現実は刻々と複雑に変化し、前もって計画値に反映しきれない不確定要素がたくさん出てきます。環境やエネルギー、政治や経済の問題を見ても、相互に影響し合う複雑な変化の行方は誰にもわかりません。さまざまな立場の人たちが協力し、対話によって知恵を集めながら物事を進めざるを得ないような状況が、世界中で頻発しているのが現実です。そうした経験にない問題、課題については、未知の行程を手探り状態で進めるしか方法がないのです。

特に、長期にわたる安定重視の経営から抜け出せていない日本にとっては、この環境変化に対応していく物事の進め方や体制、何よりも心のスタンスを獲得することは急務です。

すなわち、正解を一つに固定してしまうのではなく、仮説を立て、いろいろと試してみながら正解に近づいていくやり方、「失敗を前提とした試行錯誤を、いかにして効率的に効果的に行なうことができるか」、そのプロセスを効果的にデザインする力が今日の経営には求められているのです。このやり方を私たちはプロセスデザインと称し、根本からの変革の哲学、方法論として使ってきました。

変化する「動画」の現実に、人と組織のダイナミズムで対応する

「プロセスデザイン」でも、もちろん最初に計画は立てます。おおよそのゴールイメージは「ありたい姿」として描くのですが、詳細な完成品としての設計図まで描き込むことはあえて必要としません。おおよその見当をつけて、どの山に登るのかをはっきりさせたら、5合目まで登ってみる。そうすれば新たな景色も見えてくるから、そこでもう一度、プランを立て直して再度アタックする。こうした試行錯誤を繰り返していく中で、新たな道も見えてきます。このように〝やりながら考え、柔軟に修正する〟というのが「プロセスデザイン」で大切にしている基本姿勢です。

「正解」ではなく「失敗」を前提とする。でき上がった計画に沿って目標を達成していくのではなく、答えのないものに向かって試行錯誤で挑戦していく。そのことを可能にする方法

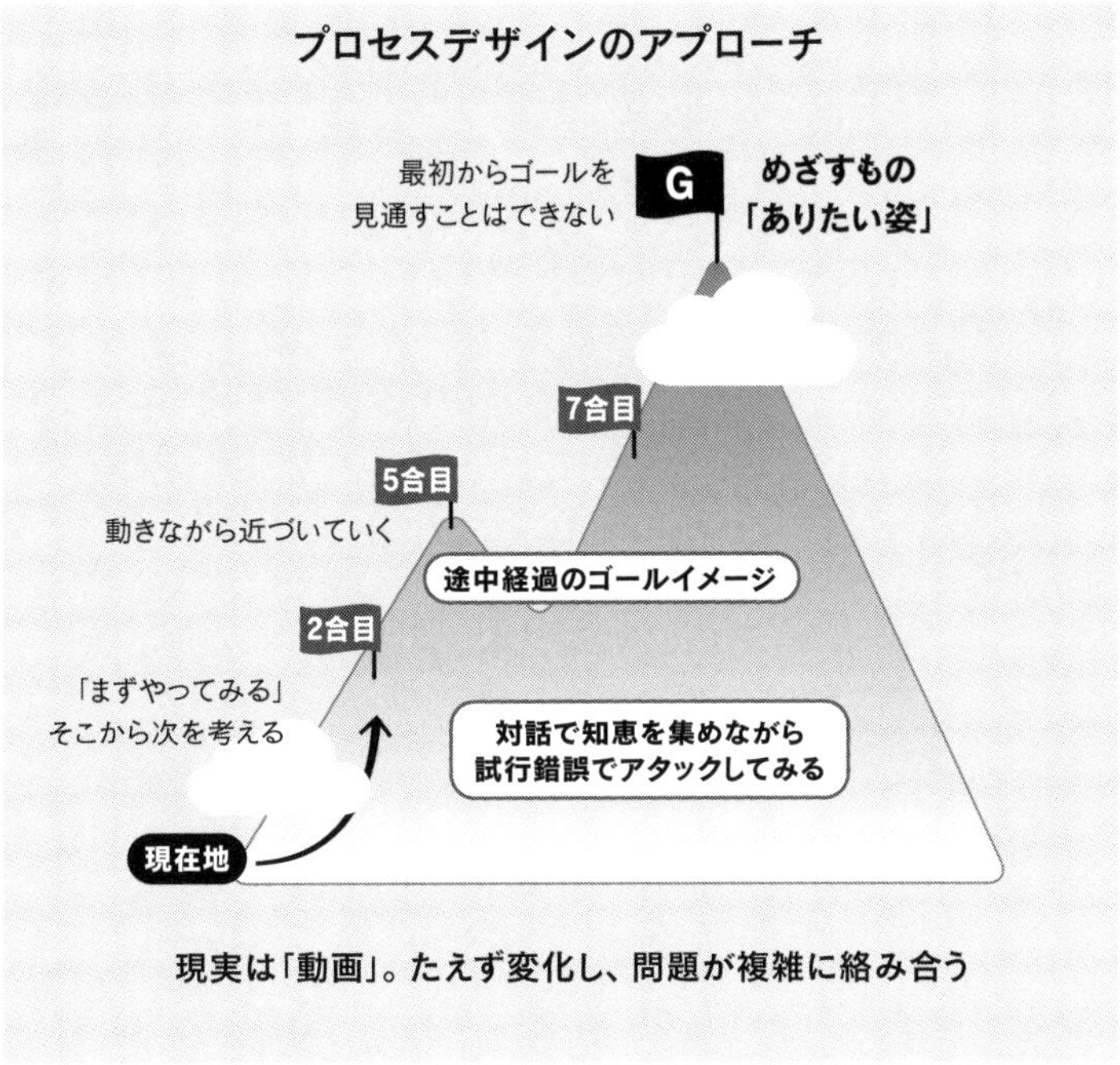
プロセスデザインのアプローチ
最初からゴールを
見通すことはできない
G
めざすもの
「ありたい姿」
7合目
5合目
動きながら近づいていく
途中経過のゴールイメージ
2合目
「まずやってみる」
そこから次を考える
対話で知恵を集めながら
試行錯誤でアタックしてみる
現在地
現実は「動画」。たえず変化し、問題が複雑に絡み合うローチです。

論と経験、スキルであるプロセスデザインは、経験にない複雑な課題に取り組むためのアプローチです。

したがって、その推進体制も展開のプロセスも従来の計画達成型のそれとは違います。大きな方針と方向性は経営とスタッフが描くけれど、それはあくまで「仮説」です。仮説としての方針を、実行の現場が最前線の情報と知恵を織り込みながら中身をつくり込んでいくのです。そして、やってみてうまくいかなければ、ただちに方針自体を修正していく。つまり、経営がつくった仮説に現場のフィードバックをかけながら一緒にめざす方向へ近づいていく、という大きな連携、階層や組織を超えたチームワークによる展開プロセスです。

当然、一方通行のやらせは基本的になくなります。見かけの数字と実態の乖離状態からも脱することができるのです。

しかし、これまで安定重視の価値観で動いてきた日本企業が、このような不確定要素の多いプロセスを自分のものにしていくためには、今までとは真逆にも等しい価値観・組織ＯＳの転換と、停止している思考を回復する挑戦文化の環境づくりが必須になります。なぜなら、混乱を嫌う調整文化の「枠」を保持したまま「失敗なし」のスタンスで未知のテーマに挑戦することなど、事実上、不可能だからです。

最初から正解があることを前提とするのではなく、失敗をすることを前提にすれば、どんな環境変化にも柔軟に対応し挑戦することは可能になります。そして、失敗を前提とし、失敗から学ぶことを大切にする姿勢は、人間が持つ潜在的な能力を極限まで引き出すのです。

この失敗を前提とし、試行錯誤によって今までにない価値を生み出すプロセスは、変化し成長する人と組織のダイナミズムによって環境変化に対応し、企業の将来価値を高めていくことに直結するものでもあります。その意味で、プロセスデザインという新たな方法論が焦点にしているのは、VUCA時代の企業価値を高めることなのです。

企業価値を高めるために不可欠なのは、何のためにやるかという「意味」「目的」「価値」を問い続ける姿勢です。そのためにはまず、今までなら当たり前であった「前例踏襲」という〝静止画の前提〟から思考を解き放ちます。そして、変化する現実、問題の絡み合う複雑な実態という新たな〝動画の前提〟に基づいて現状を変化させていくのが「プロセスデザイン」というアプローチです。

本書のケースストーリーで取り上げている難度の高い経営チームビルディングも、このアプローチが引き出す当事者の力によって突破口が開かれています。プロセスデザインは、経営のチームビルディングのような難しい課題が持つ壁をこじ開け、成功に導くためのキーコンセプトでもあるのです。

7 「あきらめ人材」の再生産

「みんな傍観者」の日本企業は人材の墓場

「どうすれば、失敗を恐れず挑戦する社員がもっと出てくるようになるのか」「今までのやり方に縛られない次世代リーダーを育てることが急務だ」。こんな声が依然として多くの経営幹部から聞かれます。

２０１９年１月末に公表された「世界経営幹部意識調査２０１９〜ＣＥＯが考える２０１９年、２０２５年の重要課題と経営戦略」（公益財団法人日本生産性本部）によると、「日本の代表取締役の主な見解／２０２５年に向け、準備はできているかの自信度」では、日本は全項目で世界平均を下回っており、特に「リーダー」「組織文化」「市場進出モデル」の項目で他国とは開きがありました。

人材育成は年々、重要度を増している経営課題です。しかし、経営者の実感としても、データを見ても、日本企業が従来型ではない世界に通用する本当の意味での人材育成に苦戦している様子が見て取れます。人事部門が調整文化の価値観のままで、いくら教育・研修の内容を充実し、リーダーたちが仕事に必要な知識やスキルを身につけても、育成の成果には結びついていきません。そんなところにも、作法やしきたりで縛って、知らず知らずのうちに社員の成長を抑制している調整文化の影響が見え隠れしています。

私たちは長年、多種多様な業種の企業の方々とおつきあいをしていますが、大企業になればなるほど、「自分一人がものを言ってもしようがない」という〝あきらめ感覚〟が身についた社員が多いように思います。年代に関わりなく、また優秀と言われる社員であっても同じです。

オフサイトミーティングと呼ぶ対話の場では、日頃からおかしいなと感じたり、違和感を覚えたりするようなことを「モヤモヤガタリ」と称して聞き合うのですが、モヤモヤの多くは「自由にものが言いにくい」「言った者が損をする」といった組織の空気がもたらす閉塞感に由来しています。

たとえば、日々の仕事の中で「これは問題だから取り上げたほうがいいのではないか」「どう考えてもムダではないか」「無理なものはできないと言うべきではないか」と思っても、結果として部課の責任を問われたり、上司の立場を悪くしたりするようなことは言い出せない。調整文化の作法が浸透している大企業では、事を荒立てたり、少しでも混乱をもたらすような話には周りの人間も味方しないし、上司も可能な限り避けようとする空気があります。そういう組織で過ごしていると、心理学でいう学習性無力感のように、あきらめによる悟り、ある種の賢い割り切りが生きていく知恵になり、問題に対しても無感覚の状態、「無関心」になっていくのです。

というのも、モヤモヤはするけれど、慣れてしまえば別に困るわけではないからです。だんだんと、よけいなことや悩ましいことを考えないで、ただ指示された仕事をしっかりとこなすだけのほうが楽になっていくのが人間です。忙しさに追われることもそれなりの充実感をくれるようになるのです。

優秀なはずの新人が無気力な社員になる理由

調整文化が根づいた大企業の問題はまさにそこにあります。

優秀なはずの人材が無力感からエネルギーを失っていき、個性や創造性を発揮する余地もなく機械の歯車のように働くだけになっている。同じ職場のメンバー同士であっても助け合うことなく孤立して、みんなが目の前の仕事にしか関心を持てない状態になっている。

忙しさに疲れて元気をなくしているだけではありません。ものを言ったり、会社に期待したりすることを封じているのです。これは人的資産、知的資産の重大な損失です。

そういう社員の状態を会社が表面的にしか理解していない場合は、「チャレンジしない」「意見を言わない」といった表層的な問題として指摘したくなるでしょう。

しかし、経営にとって本当に危機的なのは、社員が目の前のことにしか関心を向けず、いくら会社が未来に向けて改革を叫んでも、それを遠巻きに冷めて見ているだけの「傍観者」になっていることです。あきらめの境地に達した社員は、程度によっては、会社の命運にさえ関心を持たない潜在離職者にもなりうるのです。

今のようにビジネス環境の複雑な時代には、人材育成というと、どうしてもイノベーション人材のように、個人の能力として創造性を高めることや、挑戦する姿勢を引き出すことに焦点が当てられがちです。もちろんそれを否定はしませんが、他方で、組織文化が人の思考や行動を規定するという事実、人が影響を受ける環境的な側面にも目を向けることが重要だと痛感しています。

調整文化は金太郎アメの「鋳型」

「そんなことでは、この組織でやっていけないぞ」という先輩社員の忠告に聞き覚えのある人も多いでしょう。最初は元気でズケズケものを言っていた新入社員が、職場に配属されてしばらくすると牙を抜かれたようにおとなしくなり、立場をわきまえたふるまいをするようになる。それを見て先輩社員は、ようやく会社にも慣れてきたなと安心したりします。

新人が職場になかなか適応できない状態を、人事用語では〝組織社会化が進まない〟と言い、職場環境や人間関係、組織の文化に早く馴染んで一人前になるようサポートします。

それに加えて職場のほうでは、先輩社員が一緒に仕事をしながら、会社のルールや仕事をするうえでの作法、組織人としての分別や心得などを実地に教えていきます。あくまで親心なのですが、そこには「会社とはそういうもの」という悟りを促す教育も少なからず含まれています。

日本能率協会の「２０１９年度新入社員意識調査報告書」によると、新入社員が「仕事をしていくうえで不安に感じていること」は、「仕事でのミスや失敗」が「上司・同僚など職場の人とうまくやっていけるか」と同率でトップでした。

こうした新人が企業には毎年のように入社してきます。企業にとっては新陳代謝のチャンスです。しかし、入社式での「失敗を恐れるな」「挑戦を歓迎する」というトップの言葉に胸を膨らませて会社生活がスタートし、実際の組織の中にしばらく身を置くと、新人もほどなくして「出る杭になるな」という戒めの空気のほうに従うようになります。

人事部も先輩も、そうするようにと公式の教育をしているわけではありません。目に見えないところで作用している調整文化の空気が「枠」として行動に制限をかけ、新人を組織の色に染めていく「鋳型」の役割を果たしているのです。

それなりの規模を持つ会社、しっかりとした組織に属するということは、また一面では、そうした組織の文化に適応していくことでもあります。新卒採用を重視する日本企業では、とりわけその促進に力を入れる傾向が強く見られます。

確かに、会社に根づいている作法を構成員が身につけていくことで組織は安定し、仕事もスムーズに流れていきます。会社にとっては、秩序が保たれれば内部統制も楽なのです。

しかし、それとは逆に、混乱やデコボコがあっても序列や作法に縛られない自由な気風の会社には、失敗などものともしない文化があり、人間本来の躍動感があります。

調整文化の弊害は、もちろん生産性の低さやスピードの遅さといった企業経営にとっての損失もありますが、私が何よりも問題に思うのは、そこで働く人たちがいきいきと考え、自らの発意で現状をより良いものにしていく人間本来の能力と幸せを企業が奪っている、という点なのです。

第5章

「どうやるか」思考から脱する

挑戦文化へ移行する5つの処方箋

1　高度経済成長を下支えしてきた「調整文化」

日本的な強みを生かして挑戦できた成長時代

第二次世界大戦での敗戦後、一度はドン底にまで落ち込んだ日本です。しかし、世界も驚くほどのスピードで復興を遂げ、短期間でめざましい経済成長を遂げました。そこに至るまでには幾多の苦難と挑戦の歴史があり、何がその急速な発展を支えたのか、要因はいくつもあると思います。しかし、間違いなく言えることは、世界を驚かせた経済の高度成長に「日本的な何か」が大きく作用していたということです。

日本的な長所は、共感力をベースにした優しさと思いやり、几帳面さと緻密さを持った人材の質でした。さらに先進諸国からさまざまな知識や情報を旺盛に学び取る姿勢と吸収力の高さ、その勤勉さにおいて、日本人は非常に高い能力を見せたのです。

さらに、欧米のモダニズムでは短所と見なされた序列意識が強く働き、ムラ社会的な共同体の性格を持つ日本的な組織は、はっきりとした目標のもとに結束して一丸となり、高い規律性を有するチームとして爆発的な力を発揮することができたのです。

そしてもう一つ忘れてはならないのは、戦後の日本にあったハングリー精神でしょう。焼け跡、闇市の荒廃から我が家を建て直し、貧困の極みから事業を立ち上げて、先進国に追いつき追い越そうという強い意欲を国全体が持っていたという背景が、経済の高度成長に重要な役割を果たしたことは間違いありません。

そこには挑戦する気概があり、**挑戦文化が花咲く土壌**があったのです。

このような成長を支えるチームの土壌として見逃せないのは、日本人が持つ「共感し合う能力」です。時に甘えとも表現される、お互いが相手の中に自分と同じものを見つけようという感覚、空気を共有する感覚を日本人は持っています。陸上でもスケートでも、リレーのような競技に日本チームが特別な強みを発揮するのはその連携能力の表れです。

トヨタに見られるような現地現物の文化も、こうした追いつけ追い越せという時代性を背景に、仲間の優しさと厳しさを感じながら、徹底した探究の精神と勤勉性、挑戦意欲のもとに育ってきたということができます。

「どうやるか」にたけた調整文化が好影響をもたらした時代

日本の高度経済成長を支えたものとして、もう一つ、見逃してはならない事実があります。今まであまり取り上げられることはなかったのですが、日本人の思考パターンには、よくよく考えてみれば誰にでも覚えのある大きな特性があるのです。

それは、つねに「どうやるか」に思考が向きやすい、という特徴です。

日本のビジネス雑誌なども、よく見てみると本質を探るというよりは「どうやるか」に絞ったテーマが目につきます。書店にハウツー本が並ぶのも日本に特徴的な傾向です。そういう意味では、日本には他国に類を見ない「ハウツー」の豊かな文化がある。ハウツーの引き出しが豊富なのは、まさに日本文化の際立った特性なのです。

このことは何を意味しているのかというと、何かに取り組もうという時、その目的や意味を考えることなしに（なんとはなしにまさに空気のように）、手っ取り早く手段を手に入れて使いこなし、加工して行動するという応用の器用さと処理能力に並外れていたということです。

こうした思考の特性は、日本人の多くが当たり前のこととして共有し身につけている、という点が注目すべきところです。ドン底からの復興というわかりやすい目標のもとでは、四の五の考えず、がむしゃらに頑張りさえすれば結果がついてきたのです。困窮の状況から立ち上がっていく経済の成長局面では、この処理能力の高さが大きな役割を果たした、ということです。

戦後の経済成長期は、人口の急速な増大を背景に需要が供給をはるかに上回る、つくれば売れた時代です。努力をすれば、それがそのまま結果に跳ね返るという市場環境も時代に勢いを与えました。他方では、民主主義という新しい考えが持ち込まれ、労働争議などによる混乱など、乗り越えねばならない壁もたくさんありました。しかし、すぐには解決しない面倒な問題に向き合うことに時間を割くよりは、組織人としてまっしぐらに目の前を見て、つくる、売る努力をすることが結果につながっていく時代だったのです。

ふり返ってみれば、物事の本質に向き合うというよりは、すでにある知識やスキルを応用して「どうやるか」を考えることにかけては非常に優れた能力を発揮してきたのが日本人だったということです。

国を挙げてみんなが復興という一つの目標に専心し、集中する。そのために必要とされたのは、働く人が何も考えず「働きバチ」のように目の前のことに集中できる安定した社会環境と、規律的な生産の体制です。

こうした時代の要請に見事にフィットしたのが、組織の安定を確実なものにする「予定調和の価値観」です。会社に忠誠を誓い、序列に従って各人が与えられた持ち場で役割を全うするという立場を守り、決められた結果に向かうレールの上をひた走る、という環境設計の中で日本人の勤勉な資質は存分に発揮されたからです。

予定調和というのは、個々の自由裁量やわき見、道草を認めない「閉じた組織」の価値観です。企業組織でいうなら、事実・実態を大切にして問題を掘り下げていくことは避けて、とりあえず表向きの体裁を整えることを優先する価値観です。何か起こるたびに立ち止まり、事実・実態から問題をつかんで究明するという仕事の仕方は時間がかかりすぎます。そんなことにいちいち手間を取られるくらいなら、とりあえずその場を収めて先に進むことを優先するわけです。

そうした価値基準を徹底し、予定どおりに組織だって動くために必要な規律を守って安定を乱さないように自己規制を促すものが、調整文化が発する空気だったのです。

私が「調整文化」と言っているのは、こうした戦後日本の急速な発展を下支えしてきた社会感覚、個人よりも国や組織の秩序を優先する強固な予定調和の文化のことです。

忘れてはならないのは、こうした考え方や価値観は、そもそも日本の風土的な思考・姿勢に則っていたため、極めて自然な形で私たちの会社生活を含めた社会生活全般に溶け込んでいるということです。

日本におけるさまざまな社会団体、業界組織や中央省庁、政党（保守、革新を問いません）、さらには労働組合や宗教団体までも含めて、極めて幅広い組織に深く浸透しているのです。伝統的か先進的かにかかわらず、日本の会社には上から下まで、今なお深く根を張っています。

忠誠を尽くす本社スタッフVS現地現物の現場社員

組織の中で調整文化を最も忠実に体現している存在といえば、役員直下で本社の中枢機能を担うスタッフ陣です。

組織を安定的に混乱なく運営していくことを使命とし、組織に対する忠誠を尽くすことを信条としている本社スタッフには、調整文化の思考と作法を身につけ実行することが特に求められてきました。年功序列制や終身雇用制といった日本的な人事制度に見られるように、彼らが手がける制度の設計には調整文化の思想が貫かれています。

会社全体に強い影響力を持つ本社スタッフが、仕事の進め方として調整文化のスタイルを貫くことで必然的に、全社にもその価値観やスタイルがトップダウンされていきます。その自覚はないかもしれませんが、影響力の大きい本社スタッフは調整文化の先兵となって組織における文化の浸透役を果たしてきたのです。

とはいえ、調整文化だけが組織をすべて覆いつくしているわけではありません。調整文化とは相いれない「現地現物」の価値観で動いているのが、営業や工場のような第一線の現場です。そういう現場の人間は、本社側が主導する調整文化的な仕事の進め方に納得しているわけでも馴染んでいるわけでもありません。

というのも、モノをつくったり、お客様と接触したり、思いどおりにならない相手と仕事をしている現場は、事実・実態に即して問題を扱わなければ事が前に進んでいきません。スタッフのようにタテマエを主張していては済ませることができない現実と向き合っている彼らは、まさに手探りで模索し、挑戦せざるをえない環境に置かれているのです。

現場に近いところから本社に異動してきた人の多くが当初、本社の文化に違和感を感じることが多いのは、現場から遠く抽象度の高い仕事を中心にしている本社に、特に色濃く調整文化が定着しているからでしょう。

そういう意味では、一つの会社の中にも調整文化とは異なる、現場発の「現地現物を大切にして仕事に向き合う姿勢」を持つ文化が共存しています。しかし、ビジネスモデルが安定していればいるほど、全体としては本社の影響力の強さが勝るのが現実です。そうなると、どうしても会社として調整文化が勢いを持っていくのです。

日本に昔からある現場発の挑戦文化

戦後の日本は現場発・現地現物の挑戦文化が、本社主導の調整文化とさまざまな形でぶつかり合いながら共生してきた、という歴史を持っています。昭和の時代は、個々の企業によって、時には調整文化が優勢になり、時には挑戦文化が力を持つ状況もあり、時代や状況、会社や事業の中身においてもずいぶん差がありました。しかし、経済が右肩上がりの時代というのは、必然的に挑戦文化に勢いがあり、必ずしも調整文化に対して劣勢であったわけではありません。

しかし昭和の時代が終わり平成の時代に入って、経済の伸びが止まり、合理化とＩＴ化が進む中で、調整文化の勢いが次第に優勢になっていきます。合理化とＩＴの普及の結果、人間関係が急速に疎遠になっていく中で、日本独特の強さでもあった挑戦文化を支える条件が失われていくのです。その結果は社会の安定と引き換えに、生産性の急速な落ち込みとして表れてきます。１９９０年以降、生産性の伸びに関しては先進国の中では圧倒的に低い位置にいるという事実は、こうしたことの結果でもあるのです。

しかし、日本から挑戦文化が消え去ったわけでは決してありません。それぞれの会社で両文化の拮抗は今も続いているのです。

そうした中で、日本の大企業の中ではトヨタという会社が、最も挑戦文化が根強い力を持ち続けている会社であると思われます。

とはいえ、トヨタにも調整文化的なものがないわけではありません。どうしても大企業であればあるほど、自然に調整文化的な「形にとらわれる傾向」は強くなるからです。

たとえば、トヨタの核といえる技術部門が〝白い巨塔〟などと呼ばれていたりもします。こうした部門では、役員層や現場から遠くなりがちな管理職層などに調整文化的な傾向がより強く見られるということだろうと思います。

それでもトヨタは、特に製造現場を中心に現地現物の挑戦文化が根を張って進化を続けてきた会社です。

なぜトヨタで挑戦文化が今もなお力を持っているのか。その理由の一つに、トヨタには社員なら誰でも知っているような挑戦文化の流れをくむさまざまな伝説が大切にされていることが挙げられます。たとえば「シングル段取り」をいかにして成功させたのか、という話(伝説)はトヨタの人間なら聞いたことのない人間はいないのではないか、と思います。このように誰もが知っているたくさんの伝説の中に、挑戦文化の価値観がちりばめられていることが、トヨタらしい挑戦文化を維持するためには非常に重要な役割を果たしてきたのではないか、と思われるのです。

トヨタに限らず、どんな会社でも自社の挑戦の歴史を言語化し、社員みんなで共有していく努力をする必要があるということです。

「指示」と「立場」でしか動けない社員たち

調整文化の組織では、社員は指示どおりに動くことが当たり前です。逆に、指示されない限り勝手に動いてはなりません。個々が自分勝手に動かないことによって、全体としては意味のない動き、ムダな動きが減り、組織としての整合性、統一性がとりやすくなるからです。

しかし、よく考えてみれば「指示されないと動かない」というのは、その限りでは「思考停止の状態」です。

もちろん、指示がないと動かないとはいっても、現実には、直接の指示なしに動かざるをえないことはたくさんあります。そういう場合はどうなるかというと、「立場に沿って動く」という組織人としての心得が指示と同じような役割を果たします。各人が組織の中で与えられたそれぞれの立場を守って動いていれば、同じように組織としての整合性、統一性はとれるのです。

上の指示に従い、立場なりの役割を果たすことが第一義だとすると、そこで社員に求められる判断というのはごく限定的なものです。目的を考えたりするための視野の広さや全体観は必要ありません。

このような立場意識がつねに判断基準になっていると、社員は次第に「立場」という視座からしか物事を見なくなります。業務上でも立場として発想し、伝達するというやりとりになると、組織の中を流れるのは事実情報よりもタテマエの情報が多くなってきます。組織主体ですべての物事が動く中では、個人の思いや志などを表に出しにくくなるのは当然です。そもそも個人の思いや志など求められていないからです。

組織のメンバーが折にふれ、お互いの心の内を知り合うことがなくなってしまうと、人と人との信頼関係は成り立たなくなります。それは組織本来の機能としては致命的な問題なのですが、調整文化の中では、そうしたよけいな思考が入り込まない安定状態に人々の行動が収まっていることが組織にとっては都合のいい調和状態なのです。

したがって組織人に求められるのも、そういう制約条件の範囲内で動くための作法を身につけることです。作法といっても、〝空気を読んで動く〟ことなども含めた暗黙のルールであり、必ずしも統一的な基準や手順として明示されているわけではありません。だからこそ、周りの空気を察知して「どうやるか」を考え、うまく立ち回る能力を持つ人間が組織人として優秀であると評価されることになります。そういうわきまえた人間が大半を占める組織の中では、現状に疑問を持ったり「それをやることにどういう意味があるのか」などと考えたりする人間は、空気の読めない面倒な存在なのです。

「どうやるか」ばかり考えると、手段がいつの間にか目的化

調整文化の組織では、それぞれが「自分の持ち場で適切に業務執行する責任を持つのが仕事」という認識に立脚しています。この場合、目の前にある「やるべきこと」が仕事ですから、わざわざその仕事の意味や目的を考えたり、全体と自分のやっている仕事との関連性を見たりする必要性はありません。もともと傾向として、「どうやるか」という思考が強い人間が多数を占める日本の組織では、こうした思考姿勢によって、本来は手段であるはずのものがいつの間にか目的化してしまう、という本末転倒な状況が日常的に見られるのです。

たとえば、伝統的な日本企業における人事や総務の役割は、組織の安定を守ることです。この場合、組織に安定をもたらすことは、本来、組織がその目的を達成するための手段であるはずです。安定自体が目的ではありません。つまり、組織がその目的である○○を達成するためには、組織の安定が必要ではあるけれど、本来の目的である○○を達成するためには、時には手段である安定には目をつぶり、少々の混乱をもたらすようなことがあってもおかしくはないはずです。

しかし、多くの場合、安定自体がいつの間にか目的になり、さらにはそこに価値を置くことにもなっていく。特に平成の時代以降は、そんな安定の品質過剰が起こっているケースが目立ちます。

本社スタッフの行なう「調整」も同じです。事実・実態に即し、問題解決に向かうために調整をするのではなく、目の前にある安定のため、予定調和的に収めることを最優先するために調整している。しかし、その意味はまるで自覚されていません。だから、一時しのぎでしかなくても、とりあえず問題を抑え込んで「なかったことにする」という問題を生む調整を続けている。「目的は何か」などとは考えず、調整自体を目的にしているのが調整文化なのです。

「日本の伝統」に由来する特異な思考様式

なぜ、このような世界に類を見ない「特異な性格を持った組織文化」としての調整文化が日本を覆いつくすことになったのでしょうか。この文化は突然変異で生まれたわけでも、どこか外部から持ち込まれたわけでもありません。これはまさに日本の歴史と伝統に由来するものなのです。

調整文化の一番大きな特性は、その価値基準、たとえば「お仕えする」に代表される主従関係のような序列意識とか、日本的な男性優先の女性差別とか、「規律は守るもの」といった感覚を、日本の社会全体が共有していることです。この感覚は理屈抜きに私たちの社会生活の中に溶け込んで、あたかも社会通念のようになっています。事の良し悪しは別にして文化であるがゆえに、簡単には変わりにくい頑固さを持っている、ということです。

たとえば「規則は守るもの」という感覚は、私たち日本人にとって小学校の頃より先生から無条件に教え込まれてきた日常感覚です。日本人が規律正しいと世界から評されるのもそういう教育の賜物です。こうした日本人が当たり前として持っている「規律正しく正確に動く」という特性は、経済が成長していくうえでも日本にとって有利な人的資産になりました。

この日本人が持つ規律正しさのルーツを探るとすれば、思い当たるのは近代日本の出発点と言える長期の安定を誇った江戸時代でしょう。武士にとって一番大切なのは主君に対する忠義です。この忠義を核として整備された格式に基づいて磨き上げられたのが武士の作法です。

すべての判断は、この何がなんでも守りきる必要があった「格式」とそこから生まれた作法が基準になっていたのです。注目すべきことは、今に受け継がれる思考様式の出発点がここにあったことです。基準が明確であること、つまり、すでに置かれている前提（格式や作法）を何の違和感もなく受け入れることが武士の思考の姿勢だったわけです。

それは、今の時代に日本が抱えている問題、不動の基準を前提として無意識のうちに据え、それに基づいて「どうやればいいのか」を考えるという思考姿勢のルーツと見ることもできるのです。

2　平成時代から悪化する調整文化の組織病

なぜ傍観者・評論家が社内に横行するのか

組織設計どおりに立場だけで動く人間が主要な位置を占めている組織に、さまざまな不具合が生じてきているのが今という時代です。想定外の外部環境の変化が、設計には入っていない三遊間のゴロ、三遊間の魔球を頻繁にもたらしてきている、というのが現実なのです。

生じてきている問題の本質的な部分を具体的に挙げてみます。

環境が激変し、事業の先行きが見えにくくなってきている今という時代の一番の病根は、問題の本質に正面から向き合おうとする当事者が激減していることです。

平成に入って以降の組織では、現場発の挑戦文化が衰微し、調整文化の悪影響が顕著になりました。そのことの影響は、どうせ言っても仕方がない、という半ば悟りの感覚で仕事と向き合っている社員が大勢を占めるようになってきたことに表れています。経済の高度成長期とは違って、待っていても給料が上がっていくわけではない。合理化で、退職を迫られる先輩もたくさん見てきているし、人も減らされ余裕は明らかになくなってきている。特に管理職に負担が集中し、管理職になりたいとは思わない若い人が増えているのが実態です。とはいえ生活に特に困っているわけでもない。少し我慢すれば世の中には楽しいことがたくさんあるし気楽に過ごせる、というのが本音です。

このように状況が変わった結果、一番問題なのが悪意のない傍観者であり評論家が溢れかえっていることなのです。事実・実態に即し、問題に自ら向き合おうという当事者は探さないとなかなか見つからないのが現実です（しかし私たちは経験上、探せば必ず見つかる、という大切なことを知っています）。

ここでいう傍観者・評論家とは何を意味しているのかといえば、何かを批判する時、自分のことを無関係な位置に置いたまま、悪意はまったくなしに横からの批判をする姿勢をいいます。言っていることにはそれなりの正しさが含まれているとしても、自分が関与する姿勢、自分は何をする、がそもそもまったくないということです。

言い換えれば、自分がこうだと思っている理想像から現実を引き算して、不足しているものを問題点としてただ無責任に批判する、という姿勢です。よく問題解決の教科書などに書いてある理想マイナス現実イコール問題という図式そのものではあるのです。

そうした批判は確かに正しいといえば正しいのかもしれません。しかし、はっきりしているのはそうした批判をいくら繰り返しても批判するだけで何も変わらない、ということです。何かを変えていこうと思えば、少なくとも、自分ならどうする、という前提が最低限必要なのです。

延命治療ではなく、必要なのは新陳代謝

調整文化の中で行なわれる改革の代名詞は「延命治療」です。目先の混乱を避けるために安定を優先する考え方が調整文化ですから、何がなんでも延命治療に全力を尽くすのは当然の帰結といえます。

かつてのように景気が循環し、経済の低迷が続いたのちに神風が吹いては業績が回復していた時代ならば、よけいなことをしないで守りの経営に徹し、景気の浮揚を待つことも得策でした。あるいは、縮小均衡的な合理化によって身を削ることで、なんとか目先の危機的状況を切り抜けることもできました。

しかし、平成の時代に入ると、地殻変動にも等しい経済や産業の構造変化が起こり、想定外の外部環境の変化に対して調整文化の組織が不適合を起こし始めました。もう今までのような延命治療が効かなくなったのです。そうなると、たとえば自社が長年やってきた事業であっても、すでに世の中がそれを必要としなくなってきているとしたら、早急に見切りをつけて新たな事業分野に踏み出さなくてはなりません。つまり、新陳代謝が不可欠なのです。しかし、わずかな例外を除いた多くの日本企業が、平成の時代を通じてズルズルと延命治療を続けた結果、市場からも将来価値に疑問符をつけられ、大きく企業価値と社会的地位を失墜しています。

新陳代謝が不可欠であるにもかかわらず、調整文化の代名詞である延命治療を続けてきた結果、生じている時代との不適合。今の企業の業績不振と経済の深刻な事態は、日本企業が抱える調整文化がもたらしている最大の弊害です。

ＶＵＣＡな時代に入ってもなお、これまでのような安定重視の現状維持路線を守り続けるのか、それとも時代に合わない文化から脱皮して、事実・実態重視の価値観を持つ挑戦の文化を獲得するのか。日本企業はこの選択を避けて通れないステージに立っているのです。

3　挑戦文化の核は「考える力」

日本の学校教育は「閉じる問い」を重視する

ここからは、調整文化が果たしてきた意味のある役割は生かしながら、企業社会の中に挑戦文化の花をどうすれば咲かせていくことができるのかを考えてみたいと思います。

調整文化がある意味では極めて効率的な文化であることと、同時に思考停止の文化であることはすでに述べたとおりです。しかし、令和日本が喉から手が出るほど必要としているのは挑戦を可能にする、思考停止と逆の意味での「考える力」、言い換えれば「頭を使う力」です。

「考える力」が日本で失われている大本は調整文化にありますが、直接の要因の一つは学校教育にあります。日本の教育と他の先進諸国のそれとは、まったくといってもよいほど違った中身を持っています。

日本の教育はかつて「詰め込み教育」と言われたそのままに、講義を受けて知識を得ることを目的にしています。それに対し、他の先進諸国では、頭の使い方を教えるのです。そこで大切にされるのは、簡単には答えの出てこない「問い」に向き合おうという姿勢であり、知識はそのために必要とされるものです。ここでももちろん知識は必要とされるのですが、知識を得ること自体が目的ではなく、簡単には答えの出てこない問いに向き合うための前提条件として必要とされるものなのです。

このような簡単には答えの出てこないような問いを「開く問い」と言います。たとえば自分は何のために働いているのか、働く目的は自分にとっては何なのだろう、といった人によって答えが違うような問いに向き合うことこそが、頭の使い方を学ぶことに通じている、ということです。頭の使い方を学ぶことができる場は、正解が初めから想定されてはおらず、その場で問いと向き合って自分なりの答えを見つけていく生成的なプロセスを持つ場です。

日本において、教育という知識を教える場では、先生が持っている正解を教えます。正解があることを前提とする問いを「閉じる問い」と言います。日本の教育において主流である「閉じる問い」の場では、正解を持っていて、それを教える先生の立場が上になり、持っていない生徒は下です。

日本でも最近では、ようやく従来の受動的な授業スタイルが見直されて、生徒が主体的に関わるアクティブ・ラーニングなどを取り入れる学校も出てきています。しかし、これまで

開く問いの例

「なぜこの方針が必要なのか？」
「方針の先にある“めざす状態”とはどんなものか？」
「本当にこの方針でいいのか。他に考えられることはないのか？」
「これを実行することが、誰にとってどんな意味があるのか？」

の日本の学校教育で重視され鍛えられ続けてきた能力は、予定調和の正解を当てる、クイズ番組などでもよく披露されている記憶力を主体とした日本式の偏差値的能力です。その主要な部分は「閉じる問い」への対応能力でもあるのです。

「考える力」とは、「開く問い」に向き合い続けることで培われていくような、本当の意味で頭を使う力だということです。言い換えればそれは、意味や目的、価値を深掘りしたり、文脈などを理解する能力を鍛えていく、ということでもあるのです。

残念ながら今の日本人はこうした能力が一般的にあまり鍛えられているとは言えません。そしてそのことが今の日本の抱えている、ある意味では一番本質的な問題点でもあるのです。

しかし、悲観する必要はありません。日本人が「開く問い」に対応する資質をそもそも持っていないわけではないからです。学校教育のせいで多くの日本人に現時点では弱さが目立つ能力とはいえ、もともと旧制高校などには開く問いに向き合ってきた人間も多くいた伝統があったように思います。それに、こうした弱さがあることを差し引いても、日本人の中に平成の時代を経ても優れた研究者がそれなりに出てきています。「どうやるか」に思考が走りやすいという問題に気づくことさえできれば、回復能力の高さを期待できるのも日本人の資質だと思われます。

「答えのすぐ出ない会議」がなぜ重要なのか

挑戦文化はもともと現場発、現地現物の姿勢を原点としています。事実・実態という現実にしっかりと向き合うためには「考える力」が不可欠です。調整文化が思考停止の文化であったのに対し、挑戦文化は考える力が必須の文化なのです。

考えることの質を高める習慣を身につけるためには、まずそのことの意味を共有する議論の場が必要です。そこで重要なのが、「どういう場にするのか」です。予定調和の場にするのか、それとも思考を活性化させる場にするのか、が重要なのです。

議論の場には大きく分けて二通りあります。答えを出すことをめざして行なう「収束の議論」をする場と、自由に知恵を出すことのできる「発散の議論」をする場です。

これまで幾度も平成の合理化を経験する中で時間管理の感覚が染みついている現代の企業人には、すぐには答えの出ないような会議に意味を見出すことができず、すぐにイライラし始める傾向を強く持つ人がたくさんいます。問題はこうした傾向が優秀、仕事熱心ということと混同されやすいことです。

しかし、考える習慣を身につけようと思えば、一見効率を下げているかのように見える、「自分にとって仕事とは何を意味するものなのか、何のために働くのか」といった基本的な問いを自分に向ける姿勢を忘れないことが必要なのです。そのためにも、簡単には結論を出してしまわない姿勢が必要だということです。

つまり、答えの出しやすい収束のための議論をしているだけでは「考える」という機会は極めて限定的にしか持てない、という重要な事実を認識することが必要です。

もちろん収束の場面でも考えるという行為はわずかですがしています。しかし、収束の場面で「考える」と言っているのは、主に「どうやるのか」という既存の選択肢からチョイスする、という極めて限定的な行為を意味しているのです。こうした収束の議論の中で新たに斬新な知恵が期待しにくいのはある意味では当然でしょう。

そういう意味で知恵が期待できるのは、今の常識や前提を問い直すこともいとわない発散のプロセスにあるというのは間違いのないことです。

収束の議論と発散の議論を行なう場の性格の違い、日本人が学校教育などでも発散の議論を質の高さを保ちながら行なうことに不慣れなこと――考えることの習慣づくりには、そういう文化的背景なども整理して共有することが大切なのです。

です。

4 挑戦文化の5つの価値軸

「挑戦文化」といっても、単にチャレンジングで創造的な思考やスタイルのことではないのです。

安定した社会には、その安定を阻害し社会に混乱を持ち込む要因に対する厳しい混乱防止策が張り巡らされています。その防止策はいつの間にか調整文化という空気の塊《かたまり》となって作用することで、私たちに安定した社会環境をもたらしているのです。しかし私たちに「楽」をさせてくれるこの安定は、いつの間にか私たちから「進化」という、人間存在の本質に関わるような大切なものをも奪い去ってしまうのです。

また、挑戦は一人で孤立してやるものではありません。仲間と協力することで本当の意味での挑戦が可能になるのが人間なのです。そういう意味では、挑戦文化は人間が最も人間らしくあれるチームワークの文化といってもよいと思われます。

人が仲間と共に呼吸を合わせて自由に発想し自在に動くことができるのは、つねに進化し続ける可能性が保障されているからです。そして、その可能性を保障するのが挑戦文化のもたらす環境です。

挑戦文化5つの価値軸

1 めざすものを持つ

2 当事者になる

3 事実・実態に即す

4 意味・価値を大切にする

5 意思決定のルールを共有する

つまり、挑戦文化とは、挑戦の思考や行動を引き出す環境をもたらす文化なのです。

「安定第一、混乱回避」をめざして、タテマエで構築された価値観で動く調整文化に対し、挑戦文化の価値観は「生きているものは変化するのが当たり前」という、事実・実態を大切にした現実的な認識に基づく姿勢で動くことが基本なのです。

強固な調整文化の土壌に挑戦文化のタネを蒔き、花を咲かせていくためには、調整文化が抱える問題点を理解し克服することに加え、挑戦文化が大切にする新たな価値観、人間というものの本質につながる価値観を身につけていく必要があるのです。

挑戦を引き出す環境にするために最低限でも備えておきたいのは、次のような**〈5つの価値軸〉**です。

① めざすものを持つ

「挑戦する」というのは、めざすものに対して自らの思いを背景に本気で向き合っていくことです。

この場合の「めざすもの」は、自らの思いを背景にするわけですから、めざすだけの価値を持つ、それが本当に必要なのかどうか、めざす意味があるのか、などで決まっていきます。

同じ挑戦という言葉を使っても、調整文化のそれは、上からの強い指示で「させられる」ストレッチのことを言います。同じ挑戦という言葉が使われていても自らの強い思いを背景としていないため、まったく性格の異なるものなのです。自分の意志とは無関係に、ある意味では自分を殺してでもやらざるをえない。自分を無理にでも駆り立てる、やらされる挑戦が調整文化の挑戦なのです。

それに対して、自らの思いとか夢や志が背景にある挑戦文化の「めざすもの」は、何としてでもやりたい、やる、という強い内発的な意志と意欲が伴います。ということは、そもそも挑戦文化ではそれをめざすかどうかを決める際に、調整文化のように「できるかどうか」が判断の基準にはならないのです。

確かに、調整文化の中に身を置く私たちは何かめざすものを持とうとした時、挑戦を強制的に押しつけられない限り、それができそうかどうかをまず考えようとします。調整文化が張り巡らされている組織の中では、できるかどうかの判断は、組織の中を上手に生き抜くためには重要な位置を占めているからです。できそうにもないことに無理してチャレンジしても、結局波風を起こすばかりで、結果として自分のためになるわけではないことを、できる人間ほどよく知っています。負ける戦《いくさ》はしない、というのが調整文化における「できる人間」の生き方だからです。

調整文化は基本的に減点主義です。勝ち残っていく人間は、どちらかといえば失敗をせず、いや、正確にいえば、してしまった失敗も目立たせることなく、うまく「なかったこと」としてやり過ごせてきた人間が多いのです。当然、失敗する可能性が高い目標を設定することはありません。つまり、できるかできないかではなく、意味や価値を重視してめざすものを決められるかどうかは、それを判断する時点の組織の環境として、挑戦文化が調整文化よりも優勢になっていなくては難しい、ということです。

ちなみに、トヨタでは改善のテーマを決める時、できるかどうかではなく、価値をもたらすかもたらさないかで決めます。少なくとも、改善のテーマを決める現場には調整文化に対する現場発・挑戦文化の優位性があるのです。

できるかどうかではなく、意味があるのかどうかでめざすものを持つ、ということは大きな壁への挑戦をいとわないことでもあります。そして、その挑戦を意味あるものにするのもまた、自問自答を重ねていく「考える力」そのものなのです。考える力なくして挑戦なし、ということです。

意味や価値を重視して「めざすもの」を決める

② 当事者になる

調整文化の中で何かを批判する時によく見られるのが、自分がそのことにどう関わっているかは脇に置いて第三者的な立場からする批判です。こういう「責任の伴わない」批判の仕方を称して、傍観者的批判、評論家的な批判と言います。

これに対し、挑戦文化的な批判は、ひと味違います。なぜなら、自分の立ち位置が明確だからです。たとえば、自分の上司を批判する時でも、上司と自分が共通に持っているめざすものに対して、自分はこう動いている、だから、上司ももっとこう動いてほしい、といった批判の仕方です。第三者的な批判、単なる批判のための批判ではなく、自分がどう動くのかを前提とした批判なのです。こういう批判の姿勢を「当事者的」というのです。

挑戦文化を身につけていこうという時、最初に意識したいのは、調整文化で無意識のうち

調整文化の組織では「主体的な当事者」が生まれにくい

評論家・傍観者	当事者
「諦観」「達観」にとらわれ人ごとのように第三者的な批判だけを繰り返す評論家、我関せずで遠巻きに見ている傍観者	自分の意思で「めざすもの」に向かっていく姿勢を持ち、現実に生じる問題と向き合って超えていこうとする当事者
理想としての「あるべき論」から現状を引き算したものを「問題」と捉える	**「めざすもの」に向かう過程で見えてくる「手がかり」を「課題」と捉える**

に悪意なくやっていた評論家的な姿勢を当事者的な姿勢に転換することなのです。

「理想マイナス現実」で問題を捉えず、めざすものに向かって課題を見つける

③ 事実・実態に即す

現地現物、というのは挑戦文化の最も原点になる姿勢です。

事実・実態に即してものを考えることは当たり前だと思われるかもしれませんが、じつはそうでもないのです。本社スタッフから発せられる言葉は、往々にして抽象的でありタテマエになっていることがよく見受けられます。

ものの見方の違い

調整文化		挑戦文化
それを誰が言ったか	⟷	実際に何が起こっているのか
失敗をしてはならない	⟷	人間は必ず失敗をする生き物
問題はあってはならない	⟷	問題は「必ずある」のが現実
正論・あるべき論／タテマエ	⟷	あるがままの事実・実態
上司の持つ答え（的）を当てにいく	⟷	事実をもとに考える

たとえば、「失敗をしてはいけない」という言い方は、確かにそうした意見自体が間違っているわけではありません。しかし、それがそのまま発せられるなら正論の押しつけを意味し、空虚に響くばかりです。というのは、人間とはどんなに努力をしても、必ず失敗はしてしまう生き物だからです。にもかかわらず失敗はしてはいけない、という圧力が上からかかると結果として起こるのは「隠せる失敗は隠しておこう」という動きです。特に隠しおおせる小さな失敗はなかったことにする傾向が強くなります。

しかしその結果、起こった失敗を良い教訓としてそこから学ぶという最も大切なことがなされなくなってしまうのです。失敗から学ぶことを蓄積して初めて大きな失敗を未然に防ぐことも可能になるわけなのに、失敗から学ぶことをやめてしまうのですから、必然的に大きな失敗の可能性はかえって大きくなってしまうということです。

人間は機械ではないから必ずミスをする。この事実認識を「してはならない」という精神論のタテマエで抑え込んでしまうことの落とし穴です。大きな事故を防ごうと思うなら、「失敗をしてはならない」という圧力ではなく、発すべきは「起こりうる失敗を少しでも少なくするにはどうすればいいのかを考えよう」「小さな失敗から学ぶ姿勢を忘れないでおこう」という事実に即したメッセージなのです。

タテマエや「上司の考えていること」を事実と混同しない

④ 意味・価値を大切にする

調整文化の組織人は、答えが出しやすい「どうやるか」という手段をすぐに考え始める合理化思考に染まっています。答えがすぐには見つからない「意味や価値を考える」ことは時間ばかりかかって生産的ではないと感じ、拒否反応を示しがちなのです。

しかし、本来の考えるというのはそもそも意味や価値を考えることです。このプロセス抜きに、新しい発想や知恵が生まれることはありません。

もちろん、いつどんな時でも意味や価値を考えるというのは時間の関係などもあり実際には不可能ですが、必要に応じて、この思考プロセスを踏むことが仕事の価値を高めるのです。

どうやるかでなく、何のため、どういう意味があるのか、を大切にする

⑤ 意思決定のルールを共有する

挑戦には失敗はつきものです。本当に新しいものをつくり出そうと思えば、何回もの失敗の経験を経て初めて成果を手にすることができるものだからです。

挑戦のプロセスの基本は、設計図どおりの工程に沿って物事を進めるのではなく、大まかに設定しためざすものの方向に向かって、試行錯誤で近づいていくことです。試行錯誤とは、トライとエラーの繰り返しです。つまり、大切なのはトライを繰り返し、その過程で失敗に気づけばすぐに反転をすることができる意思決定のスピードなのです。意思決定を速めて試行錯誤のサイクルを高速回転させることこそが挑戦のプロセスの要諦です。そういう意味では、前に述べた「意味や価値を時間をかけて熟考する」プロセスと「意思決定のスピードを速める」プロセスと、この二つの相反するかのように見えるプロセスを必要に応じて使い分ける、つまり両立させていくことが挑戦文化では必要とされているのです。

日本企業の意思決定は多くの場合、合議制です。かつては、決定内容やプロセスに確実を期し、より多くの人間のコミットメントを得る共有目的で、みんなで決めることが大切な時代もありました。

しかし、今の時代に求められるのは柔軟で速い意思決定です。そのためには、衆知を集める努力は時間の許す限り最大限にするとしても、決める時は「担当責任者が決める」というコンパクトなルールが必要です。これは衆知を集める時間もない時は、担当者の即断即決もありうるということです。そして一度決めたらみんなで協力して実行するのが原則です。

間違ってはいけないことは、この場合の担当責任者というのは、必ずしも役職者、上位者である必要はないという点です。その案件に関わり、中身もよく知っている推進担当者であれば適任です。一番情報を熟知している人間が判断することを通して経験を身につけていく。このような人の成長機会を多方面につくることが挑戦文化を育てるのです。

この場合の意思決定の要件は、その人間が負える責任がその意思決定の重さに見合っているかどうかを見分けることです。どんな案件でも決めてよいわけではない。結果に責任を負える範囲でしか決めることはできません。同時にその範囲は、その人間に決める責任を委任する上司の負える責任の大きさによって決まります。

そういう意味で上司には、委任する人間がそうした責任を全うできる人物かどうかを判断する能力が求められます。そして、失敗した時の責任は自分が負うという腹づもりが必要だ、ということです。

「衆知を集めて推進担当者が決める」という意思決定のルールは挑戦文化のルールなのです。

衆知を集めて、担当責任者が決める

5　「考える力」の4つの現代的課題

最後に、今の日本が求めている考える力の中身を具体的に見てみましょう。

繰り返しになりますが、調整文化で使われている「考える力」は、基本的に「どうやるか」に集約されます。これは、考えるという意味では比較的単純です。過去にある前例から導き出されたいろいろな選択肢の中から、一つを選ぶことで対応できるからです。

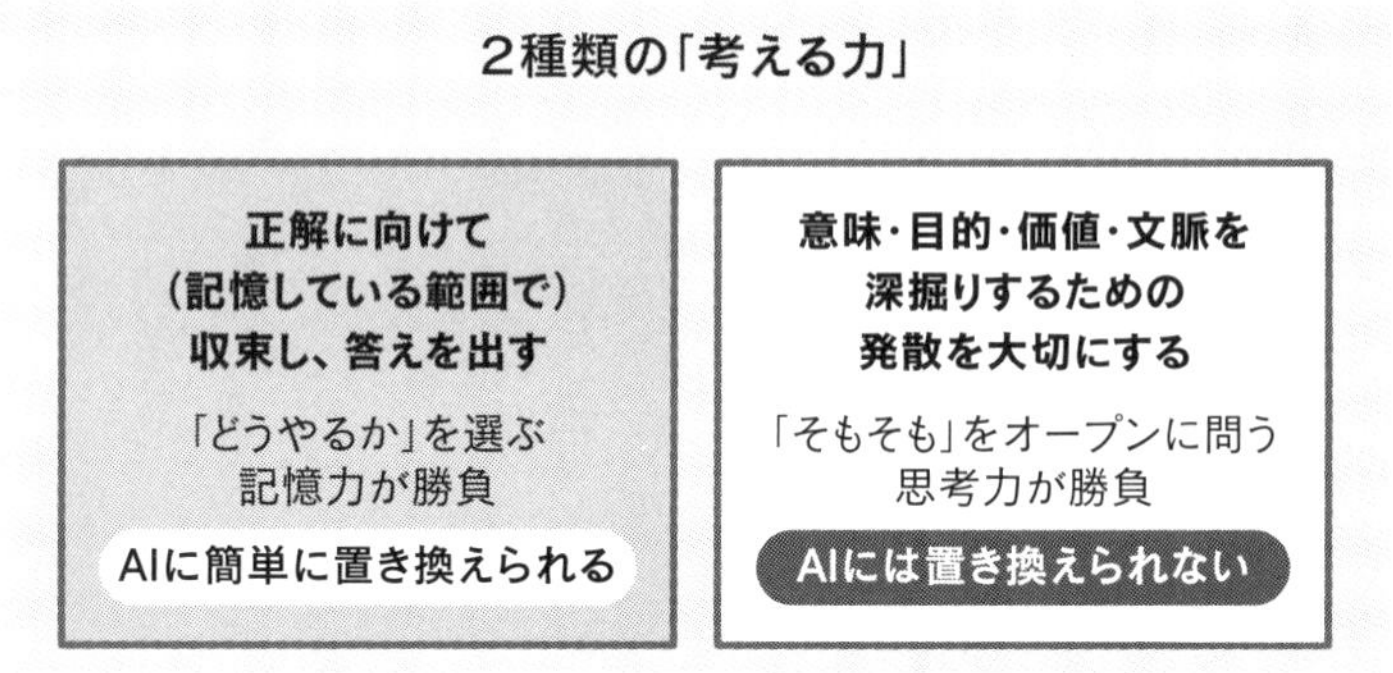
2種類の「考える力」
正解に向けて
（記憶している範囲で）
収束し、答えを出す
「どうやるか」を選ぶ
記憶力が勝負
AIに簡単に置き換えられる
意味・目的・価値・文脈を
深掘りするための
発散を大切にする
「そもそも」をオープンに問う
思考力が勝負
AIには置き換えられない

言い換えれば、正解に向けて、過去の経験値や新たに学んだことなどの中から（記憶している範囲で）収束（クローズ）して答えを出していくことができます。

そういう意味では、基本的にいろいろある過去の経験値から選択する（まったく新しい選択肢からの選択もないとは言えませんが）という、記憶力が勝負なのです。しかし、ＡＩがもう少し進化してくれれば最初に簡単に置き換えられてしまうのが、この「どうやるか」思考による情報処理だと思われます。

これに対して、挑戦文化の「考える力」は、まったく質が異なります。

挑戦文化で必要とされている「考える力」というのは、問題解決のための能力も含みますが、それだけではないのです。

今の時代に必要なのは「そもそも何が問題なのか」ということから考えていく思考です。そのためには意味・目的・価値を追い求め、文脈を深掘りしていく能力が必要とされます。そのために磨かねばならないのが、簡単には正解の出てこない「開く問い」と向き合う力なのです。それは知恵を創発する発散（オープン）の場から生まれてきます。このような創造的な思考力は非常に働きが複雑ですから、簡単にＡＩに置き換わることはないのです。

ここでは本書の中心的なテーマである「調整文化から挑戦文化へ」の転換に必要となる４つの思考力を取り上げてご紹介します。

［挑戦文化に求められる４つの思考力］

1　手段の背景にある目的を見出す力（ＢＰＲのキーワード）
2　優先順位をつける力（労働生産性のキーワード）
3　前提を問い直す力（イノベーションのキーワード）
4　目の前に見えていることの全体像を捉える力（マネジメント力のキーワード）

① 手段の目的化をチェックする

手段の目的化については、これまでも具体例を挙げて説明しました。私たち日本人が手段思考に陥りやすい傾向を持つ歴史的な背景のもとにいることへの理解がまず必要です。このことをつねに意識するだけで、その弊害はかなり緩和することができると思います。

身近にある例を挙げるとすれば、有名大学の入試なども手段が目的化してしまっているケースです。

通常、大学に入るというのは、何かをなすべく勉強をするために入るのであり、そういう意味では手段であるはずです。しかし、日本では、いつの間にか大学に入ることそのものが目的になってしまっているケースが圧倒的に多いのではないでしょうか。「何のために学ぶのか」という問いに向き合うことなく受験に臨んでいるのです。こうした場合、大学に入ること自体が目的になってしまっているので、入学というものを達成すると、それだけで燃え尽き症候群になってしまう学生も出てきます。

高校教育も同じで、そもそも何のために大学にいくのかは考えず、この大学に入るためにはどうするべきかの対策に集中する傾向があります。学校が合格者数の競争などをしていると、なおさらそうなりやすいのです。

有名大学の入試をめぐって日本の教育が持つ本質的な問題が生じているという意味では、日本の未来を左右する、まさに大きな問題とも言えるのです。

② 優先順位をつける

「優先順位をつける」は、働き方改革のキーワードでもあります。

日本の労働生産性の伸びが他の先進諸国と比べて著しく低いという事実は、近年、よく話題にのぼります。しかし、その低さの本質、こんなに懸命に働いているのになぜこうも労働生産性が伸びないのか、ということに関する突っ込んだ本質を捉える議論はなされていないように思えます。

日本人は勤勉で、間違いなく長時間働いています。にもかかわらず、世界全体で見れば明らかに労働生産性は低いままです。

その一番大きな理由は明白です。それは、多くの日本人が仕事に優先順位をつけることに極めて不慣れだ、ということです。日本の職場では、次から次に降ってくる仕事を相も変わらず右から左へ必死でさばいている光景は珍しくありません。仕事に本当の意味での優先順位がつけられているとは言えない状況です。もしも優先順位があるとすれば、上司からの指示によるものかどうかなど、仕事の持つ重要度とは無関係の緊急度の高さで決まっている場合です。

なぜ優先順位がつけられないのかというと、優先順位をつけるための基準がそもそも意識されていないからです。基準を明確にするために欠かせないのは、組織の中で自分が担っている役割とは何かをまず徹底して考え抜き、明確にすることです。自分の役割がしっかりと認識できていれば、その基準に従うことで優先順位はつけやすくなります。

ただし自分が担っている役割を考えた場合、ともすれば「上司が部下である自分に何を期待しているのか」から思考がスタートしがちなので注意が必要です。上司が自身の本当の役割をきちんと認識し、仕事の優先順位をつけられているケースは必ずしも多くはないからです。上から降りてくる仕事をこなすだけの上司が部下の自分に期待することなど意味のある基準にはなりえず、優先順位のつけようもありません。

したがって、「そもそも自分の部署は何を求められているのか」ということから探究し、しかも、自分一人ではなく、周りと一緒に（上司も含めて）考える必要があります。

③ 前提を問い直す

企業研修という場を例にとってみます。

研修という場では、講師という存在は「正しい答えを持っている存在である」という前提を私たちは無意識のうちに置いています（とはいえ、実際には講師の言っていることを無条件に信じたりしているわけではありません）。しかし、この無意識に持っている、講師は「正しいとされる答えを持っている存在」という前提に基づいて、研修のプロセスを予定調和で進めていく作法は組織人であれば当たり前のように身につけているのです。

たとえば、講師に指名されると、教わった知識の範囲内で想定問答のようにソツのない答えで前向きに応じます。「そもそもこういう研修は必要なのか」とか「講義の内容ややり方に問題はないのか」といった、置かれている前提そのものを問い直すような刺激的なテーマに関心を向けることは誰からも望まれていません。

その結果、無難にそれなりの予定調和の結論をまとめて提出することで、お互いに「よかった、よかった」で終わるのです。

そういう意味では、旧来の企業研修というのはまさに調整文化の定番である予定調和のモデルそのものでした。従来風の研修で何か新しい情報が創出される、ということはありませんが、調整文化の中では、タテマエをもう一度復習する、といった意味で一定の役割を果たしてきたということです。

しかし、挑戦文化を身につけようとするなら、考える際に必要なことは、まずは自分が無意識に置いている、たとえば「講師とは正しい答えを持っているもの」という前提そのものを見直してみることです。そして、その前提が、現時点で本当に意味があるのか、時代に適合するのかどうかを問い直すのです。

この前提を問い直すという行為は、あらゆるイノベーションの出発点でもあります。前提を問い直すことは、価値観そのものを転換することにもつながるのです。

④ つねに全体を見る姿勢を持つ

私たちは特に意識しないままだと、目の前にあるもの、見えているものが部分ではなくすべてであると思いがちです。

まじめに仕事はしているけれどあまり仕事自体に興味が持てない人なら、自分の目の前にある「与えられた仕事」が、仕事というものの全部だと思っているのが普通です。自分の仕事が、他の人にどのように役立っているのかなど、前工程、後工程に誰もが興味を持ちながら仕事をしているわけではないからです。自分の属している部署がどのような役割を会社の中で果たしているのか、といったことに日頃から興味を持っている人は必ずしも多いとは言えません。

たとえば、人類の長い歴史の中で自分が生きているのはどのような時代なのかをしっかりと考えている人は、あまり多くは見受けられないでしょう。自分が生きてきた何十年かだけを漠然と捉えて、こういうのが人生というものなのだ、と思っている人が多いのではないでしょうか。

おそらく私たちの何代か前の先祖は地球が丸いということすら認識してはいなかったと思います。そして、今は過去から見ればＳＦさながらの世界が現実になっています。少し前の時代の人間から見ればまさにありえないような時代が今で、その時代に生きているのが私たちなのです。

そういう時代に自分が生きている意味とは何か、という問いは、じつは非常に価値のある問いです。目の前のものだけを漫然と見ている限りではそうした問いは浮かんできません。

少し前の世代なら、生きていくことだけで精一杯で、夢とか志を持って生きることができるのは極めて限られた人であったと思われます。しかし、今という時代の特性は、その気にさえなれば、多くの人が夢を持って生きることを可能にしているのです。このような状況は人類の歴史の中で極めて特別なものである、という認識を持つことが必要かと思います。

そういう意味では、目の前で今自分が見ているものは大きな全体の中の部分でしかない、という意識をいつも持っておくことが重要なのです。

「考える」ということの持つ本当の意味は、このようにより広く全体を広げて物事を考えていく、ということをも意味しています。

言うまでもなく現代は情報が溢れる時代です。いくら努力をしても私たち一人ひとりがふれることのできる情報は、人類が持つ知の総量のごく一部分でしかありません。そういう意味では、全体像を捉えるためにどのような情報を選択するのか、ということがまず問題です。

間違いないのは、全体像を捉えることが簡単ではない時代になってきているということです。極めて複雑化してきた社会と、細分化されていく知識のギャップの中にいるのが、私たちなのです。

私の場合、「全体」というものを捉える時、自分が大切だと考える要素をまず見出すことから始めます。さらに、その要素間の関係性を見ていくことで全体を構造化して捉えようとします。つねに意識しているのは、「どこまでを今現在の自分にとって意味のある全体と捉えるのか」です。このように、「どこまでを必要な全体と見ているのか」の認識が明確であれば、もし状況が変わっても、その判断をし直す、つまり捉えている全体を見直すことは難しくないからです。

いずれにせよ、「考える」ということの中に「全体と部分」の概念を取り入れておくことは意味のあることだと思います。

第6章

「組織の常識」から自由になる

役員層が変われば、現場も変わる

1　調整文化を「見る目を養う」

日本企業はトップを頂点とした主従のような序列が空気となって働く階層組織で動いています。そういう組織の内部では、目には見えにくい調整文化的「枠」が社員を縛り、組織人としての身のふるまいや生き方を形成しています。企業にとっての危うさは、調整文化に従う動き方や思考が、仕事の姿勢や進め方、発想にまでも影響を及ぼしていることでしょう。経営や仕事の「目的」よりも、「組織の伝統や慣行を重んじる」という優先順位の転倒が肝心なところでも起こってしまっている。

しかし、その文化を現実に支え、維持しているのは、実体のない「会社」や「組織」ではなく、一人ひとりの社員です。日本企業の問題は、同時に、その環境に適応してきた〝個々のありよう〟の問題でもあるのです。

「組織人」として滅私で生きる自分に気づく

これからの時代のビジネスパーソンにとっても、日本企業の調整文化が抱えるマイナス面を自覚し、克服することができる感覚や能力は重要な意味を持ってきます。

というのも、新卒一括採用で終身雇用制の日本企業に「就社」している多くの組織人は、自分の職業人生で何がしたい、どうなりたい、という自分の意思を入社当初は持っていたとしても、結果としては「組織の意思」に沿ったキャリア形成をしています。配属先も業務も働き方も、決めるのは会社。そして長年、その意に従って組織に仕え、大過なく過ごした人間が功労者だったり、組織の成功者だったりします。

その組織で「空気を読んで作法で動く」能力を身につけ、ポジションを得ていくことは、裏を返せば「組織の安定第一」の価値観をベースにした調整文化という特殊な条件に適応していくこと。個人つまり人間としてではなく、「組織人」として生きる術や能力を高めていき、〝一組織の色に染まりきる〟ことでもあります。

この状態に無自覚なまま漫然と時間が過ぎていき、背景の時代だけがどんどん変わっていくとすれば、会社と共に個人もまた環境変化に置き去りになる可能性があります。

さらに、個人が転職する可能性もつねにゼロではない。転職先が似たような文化と作法で動く大組織とは限りません。中小企業やスモールビジネス、ベンチャーの場合もあります。外資をはじめとする他社との合併、吸収・買収なども昨今では珍しくありません。業種や事業分野によっても文化は違うでしょうし、ＯＢが古巣の有望な若手を伸ばすために自由闊達な文化の会社に引っ張ることもあります。

今とは違う新天地、組織文化や価値観の異なる会社で生きていこうとする時、調整文化への過剰な適応がネックになる可能性は少なくありません。

もしも「自分はガラパゴス化しているかもしれない」という自覚のないまま外に出てしまうと、たとえば転職エージェントに対して職業実績を語る場合にも、第一声として「○○社で○○をしていました」というような会社名や役職の説明が当たり前のように出てきてしまいます。

そのままだと、挑戦する姿勢と自律性を身につけた人材に自社の刷新を託したい、と考える新しい感覚を持つ企業との間には、少なからずカルチャーギャップが生じるでしょう。

今いる組織に過剰適応してしまい、染みついている調整文化の常識に気づけないことは、個人の進路選択の自由度や、市場価値に関わる問題でもあるのです。

調整文化の核にある「組織の安定（混乱回避）第一」の価値観は、社内のあらゆる物事に取り組むうえでの絶対的な基準であり、当たり前の前提になっています。それは知らず知らずのうちに「組織の意思／上の意向」として社員の中に内面化され、「この組織でうまくやっていくためにはどうふるまうことが得策か」という〝社内常識的な条件反射〟によって、さまざまな場面に展開されています。しかし、調整文化の真っただ中にいる人間には、それが当たり前になりすぎていて、なかなか自覚できない。

まずは、そうした組織の日常や自分たちの仕事の中にある調整文化の影響に気づいて、自覚すること、そのための「調整文化を見る目」を養うことが第一歩になります。

目に見えない「空気」の支配に気づく

「調整文化に縛られている」と言われてピンとこない人でも、毎日の会社生活のいろいろな場面で「空気」や「雰囲気」を意識した心当たりはあるでしょう。

個人の自由や自在性よりも組織の安定を優先し、社員にも規律に従うことを「空気で」求めてきた日本企業。主従のような序列を大切にする調整文化に覆われた組織では、浮世離れして感じられるほど「こうあらねばならない」という強い規範意識をメンバーが共有しています。しかも、それはもともと秩序を重んじる日本社会の常識の上に成り立っていますから、少々の窮屈感はあっても、ことさら疑ったり問題視されたりすることはありませんでした。

新人は、入社時に説明される社規社則や就業規則に明記されているわけでもないのに、ひとたび組織の一員として働き始めると、〝ここでは序列に従い、規律や作法を守って動かなければならない〟という自覚が生まれてきます。違和感を拭えないまま辞めていく新人も少なくありませんが、多くの人たちは「これが組織、社会人というものだ」と悟りのように了解し、毎日の生活の中で調整文化のしきたりや感覚を自然に身につけて適応していくのです。

その間、おや？と思っても「それはなぜですか？」「何のためにそうするのですか？」と問いただすことはなくなります。「いわずもがな」で察しよく利口に立ち回れるようになる。そうした秩序の維持に力を発揮しているのが「空気」や「雰囲気」です。

日本企業で働く人間は、当たり前のように〝空気で意思疎通する〟能力を身につけていきます。

近代的に見える企業もその内部に入ってみると、人々は明示的な規定やルールではなく、空気という暗示的なものに〝組織の意思〟を感じ取り、それに操られるようにして動いています。

「表向きのタテマエ」と「裏に隠れた本音」も同様です。組織のコミュニケーションは当たり前のように裏表で使い分けられ、個人は必然的に二律背反のジレンマを抱えることになります。

組織人のジレンマ
——本当はこう思うけど、組織人としてはこうしておいたほうが無難

▼みんなが集まる場や上司の前では思っていることが言いにくい、思ったことを自

由に言えない
▼「自分」が主語ではなく「会社として」を枕につけて意見を言う
▼上司に面と向かって頼まれると「やれ」の意味なので「できません」とは言えない
▼現場で勝手に判断するのはご法度だから、必ず上司にお伺いを立てる
▼商談などで「会社としての判断」に関することは、担当者レベルでは明言を避けて持ち帰る
▼上位の責任者や上司を否定することになるような問題提起や提案はしない
▼何事もなく進んでいることに波風を立てるような質問、意見は差し挟まない
▼職場の人間関係を乱すような、水を差すことになる意見は言わない
▼陰でどれだけ批判をしても、表向きは「特に問題なし、不満なし」を装う
▼放置すると会社のためにならないと感じることでも「おかしい」と言えない

組織の意思を優先する調整文化の中では「こういう時はこうするもの」という暗黙の約束事が、人々に自主的な規制を促す圧力となって働いています。

それでも空気を読めない若い社員などがいると、上司である管理者のほうに「ちゃんと指

導しなきゃだめじゃないか」と勧告があったりします。そうした組織の反応を日々いろんな場面で経験していくと、つねに〝組織の目〟が気になり、浮かないように目立たないようにわきまえていく分別が身につくのです。

このように日本の会社は、論理的な職務規定やルールではなく、空気にものを言わせ、空気を読んで動く側面が強いため、同時に「何が事実で、実態はどうなのか」がつかみにくい、という深刻な問題も抱え込んでいます。

見方によっては、組織が言語を介さず「こういう時はこうする」という規範を共有して空気で動いていること、〝あうんの呼吸〟や〝以心伝心〟のような非言語のコミュニケーションが成り立ち、機能しているのはすごいことです。「空気」でも意思疎通ができるバイリンガルな能力は、必ずしもマイナスばかりとは言えません。

ただし、それを臨機応変に自在に変化する環境に対応するための伝達手段として発達させることができていればいいのですが、現状のように、思考や行動を制限する「枠」になっているとしたら問題です。

組織が感情的な「空気」という目に見えないものに支配され、個人（経営者も含む）の意思とは無関係に動いていく。マイナス面が強くなると、こうした制御不能の状態を招いてしまうところに文化というものの怖さがあります。

2 「枠」にはまるダメージの深刻さを知る

「黙って従う」が生み出す構造的なブラック状態

たとえば日本の組織人は、上司の指示内容があいまいでよくわからなくても、部下はその場で「どういう意味ですか」「もう一度説明してください」「どんな意図があってやるのですか」といった問い返しをしない習慣になっています。また、上司のほうにも具体的なイメージがなく、「なんとかしろ」に等しい無理難題を部下に押しつけることもあります。その場合も組織人である部下は、無理だとわかっていても「わかりました」「やります」と答えざるを得ません。

こういう仕事の出し方、受け方を当たり前の環境として過ごしていると、部下は自分で考えることを停止して「上司にＯＫをもらう」ことが仕事になっていきます。

さらに上司の指示段階で、仕事の絞り込みや優先順位づけなどの調整がなされていない場合はどうなるでしょうか。

「黙って指示に従うことになっている」部下は、目的や中身が判然としない仕事をキャパシティに関係なく〝すべて〟一方的に受け入れていくことになります。そこには、「現場の現実を見ずに物事を決める」課題推進役のスタッフ部門から降りてくる報告書の作成や記録・集計などの間接業務も上積みされています。それ以外に、打ち合わせや会議などもあるでしょう。

こうした蛇口調整のないフリーフォール状態の仕事の出し方が、現場に「長時間労働」と「さばき仕事」をもたらし続けます。「ブラックな働き方」は、黙って従うことで滝壺状態になっている現場に、当然の帰結として発生しているのです。

【ブラックな働き方の悪循環】

- 上司による蛇口の調整や明確な指示がないまま仕事がダダ漏れ状態で降りている
- 部下は正解がわからず「どうやるか」を考えることで頭がいっぱい
- 一人ひとりが優先順位をつけられないまま過剰に多くの仕事を抱えている
- 価値や重要性に関係なく、目の前の仕事を機械的に処理して「さばく」だけ
- やっている仕事の意味や目的はわからない

- さばき仕事でインシデントが増え、リカバリーと防止のための業務が発生する
- 解決されない問題が次の問題を生む
- 報告書やチェックリストが増え続ける
- 会社の危機的状況だから「忙しいのもやむなし」の空気になる
- 社員の心身が傷んでいく
- 内部告発が起こる

「人にダメージを与える会社」

指示を明確にする「問い返し」ができないと……

ある大手電機メーカーの日本人マネジャーは、「上から指示されたら黙って動く」のは日本人社員の特徴だと言います。かつて彼が働いていたのは、社長をはじめ、現地のメンバーが大半を占める北米のオフィス。メンバーはいつも定時にはきっかり退社し、休日はしっか

り休み、仕事の時間は集中して効率よく働く。効率的だと感じるのは、やるべきことを明確にしてそこに集中するから。

現地のメンバーは、上司から何か指示があると、たとえば、

「なぜ○○までにやる必要があるのか？」

「それを何に使うつもりなのか？」

「それによって、どんな利益があるのか？」

などと聞き返して、それをやる理由を自分でしっかり確認する。上に言われたから動くのではなく、納得できる理由があるから動くという習慣です。自分が理由に納得し、上司とも合意したなら、自分の仕事として何としてでも達成しようとする。上司部下の間での仕事の受け渡しは言葉どおりでシンプルです。

ある時、現地のメンバーが残業している日本人社員に対して「なぜそこまでしてやってるんだ？」と尋ねたら「上からやるように言われたから」という返事が返ってきて、「言われたら何でもやるのか」と心底驚いていた、というような話もあります。

理屈ばかりこねてやろうとしない傾向の強い社員も世界にはいるようですから、文化の違いの断片を比較して一概に良し悪しは言えません。でも、それを差し引いても日本の大手企業の社員の生産性は間違いなく低い、と彼は見ていました。

そして、日本の本社に戻ってくると、さらにそれを確信することになります。

デジタル化の波が押し寄せて市場環境や産業の形が変わり、業界大手であることの優位性は揺らいでいます。アジア新興国など新たな競争相手も台頭してきています。構造改革は進められているものの、事業の先行きは不透明なままで業績の低迷が続いています。

しかし、それでも会社の非効率な仕事の仕方はまったく変わっていませんでした。

何かにつけて人を集め、検討、合議で決めるためのたくさんの会議。計画目標の達成度を上に報告するための階層をまたいだ膨大な説明資料づくり。延々とハンコを重ねていく決済承認の長い申請ルート。今までのやり方を温存したままで人員不足、厳しい数値目標に対応しようとするため、むしろ、長時間労働が当たり前の働き方がさらに悪化していたのです。

疲労やストレスでメンタルの問題を抱え、ついには過労死まで起こっている日本企業の話をすると、現地社員は一様に「なぜ別の会社に行かないのか」と不思議そうな顔をすると言います。彼らにとって、そういう会社は「人にダメージを与える会社」。そんな会社と一個人が一蓮托生で運命を共にする理由がわからないのです。

3 役員層が、現場の働き方を変えるカギになる

目の前の仕事で精一杯の状態だと、あえて疑問を掘り起こして見つめてみたり、現状を問

い直して考えたりすることは、苦労をわざわざ拾いにいくようなもの。自分に対しても波風が立つことは避けたくなります。でも、調整文化に馴染んできた日本企業の社員ならば、おそらく不安や悩みはみな同じ。チェックリストで確認してみましょう。

なぜ社員は「ものが言えない」のか

「ものが言えない」は、20年以上前から私たちが「オフサイトミーティング」と名づけて行なっている「気楽にまじめな話をする場」の参加者からもよく聞かれた言葉です。

組織の調整文化が持つ「枠」が個々の自由な発言を抑制している一方で、もともと日本は世界で最も同質性の高い共有された価値観を持つ国です。そしてそのことが調整文化の隠れた前提となっているのです。直接的、明示的な言葉によるコミュニケーションよりも、あえてものを言わずにほのめかし、あうんの呼吸で互いの意思を読み取ることに秀でている。その半面、自分の意思、意見をはっきりと主張することには〝不慣れ〟だと言えるでしょう。

図表《暗黙の前提チェックリスト》で、ものを言うことにブレーキをかけている「制約」の中身を覗いてみましょう。

これは上位者であっても、あまり変わりません。むしろ、地位が高くなるほど「立場の

なぜ話し合いの場では口が重くなる？
《暗黙の前提チェックリスト》

「自由に意見を言ってほしい」と言われても重苦しい場の空気。
社員の自由な発言を妨げている「暗黙の前提」をチェックしてみましょう。

- □ どうせ言ってもムダ
- □ 上司の前で下手なことは言わないほうがいい
- □ 言ったことがいつまでも独り歩きする
- □ 間違ったことは言ってはならない
- □ ネガティブなことは言うべきではない
- □ どうせすぐに否定、非難される
- □ 意見は考えがまとまってから言うべきだ
- □ 100点に近いことを言わないといけない
- □ 発言は上の人の意見を聞いてから
- □ ちゃんとわかっていると思われたい
- □ これを言うと、人に迷惑がかかる
- □ 下手に言うと「やらされる」
- □ 言うと、ややこしいことになる
- □ 仕事の場で自由に気持ちを話すなんてありえない
- □ 意見を言っても、上の人にはかなわない
- □ 言わなくても察してくれるだろう

心理的安全性を担保する話し合い方のルール

日本企業の文化に対応した「気楽にまじめな話をする場」

オフサイトミーティング

1　相手に関心を持って話をじっくり聴く
（主張し合うことよりも、聞き合うことを大事にする）

2　肩書きをはずして、立場を離れる
（評論家ではなく、当事者として場に参加する）

3　弱みを隠さず、自分の言葉で語る
（自分に正直に、思いや感じていることを大事にする）

4　正論（あるべき論）で相手をやっつけない
（わかっていても「それができない」現実に立つ）

5　「自分は」の一人称で語る
（自分はどう思うか、自分はどうするかを伝える）

6　結論を出すことを急がない
（結論が出ることは歓迎するが、それが目的ではない）

7　話したくない時は「パス」もOK
（それぞれにある理解や納得のペースを尊重する）

壁」が邪魔をしてきます。上司たるもの答えを持っていなければならない、人前では弱みを見せられない、結局、周りから見ると何を考えているのかよくわからない……。

日本の組織人は、特に自分の立場で物事をまじめに考える人ほど、そのプライドがあって、よほど確信でもなければ思うところを率直に、雑多に、ざっくばらんには言わない傾向にあります。

そんな文化的背景があることから、日本企業の調整文化に対応する仕掛けとして、私たちが日本の企業と仕事をする時は、どんな階層のメンバー、どんな堅いテーマ、状況であっても、まずは「気楽にまじめな話をする」ことに徹しています。

第Ⅰ部で紹介した経営チームビルディングの合宿やオフサイトミーティングでも、初日には「心理的安全性を担保する話し合い方のルール」を使って、メンバー相互の信頼関係を築くことの大切さを理解してもらっています。

上司の「働かせ方」と部下の「働き方」

いったい「上」とはどこなのか？　そう思ったのは「上から仕事がどんどん降ってくる」という文言をセミナーアンケートの自由記入欄にいくつも見つけた時でした。

とにかく時間がない、目の前の仕事をこなすことで精一杯、次々に対応すべきことが出てくる、といった現場の窮状を訴える声の中で、職場のメンバーがよく口にする「上から」という言葉をたどると、川でいうなら源流にさかのぼる上流のほうを指しています。

この「仕事の多くは上でつくられる」という事実に注目してたどりついたのが、調整文化の中での「役員による働かせ方」の実態です。

では、多忙の渦中にいる社員のほうでは、役員のどんなことを改善してほしいと感じているのでしょうか。

主従関係を想起させるような上司と部下の間では、上司の何気ない発言も部下にとっては「無意識の指示」になってしまいます。さらには「忖度による仕事の習慣」を呼び起こしているのです。

影響力の大きい役員クラスになるほど日頃の言動によほど注意していないと、調整文化の空気のもとでは、目配せ一つ、指のひと振りが部下をムダに動かし、組織の膨大な保険仕事、ロスコストを生んでしまうことになります。

ここで注目したいのは、社員の「働き方」の手前に存在しているマネジメントの問題、調整文化が引き起こす「働かせ方」の問題です。

「上から降ってくる仕事」の発生源に手を打つ

A社は、官僚的な組織の特徴が強く出ていて、伝統的に上の意向を尊重する文化、「職制・部署権限での指示・命令に基づく組織運営がなされるべき」という認識が深く浸透していました。

まさに調整文化というべき組織では、職場レベルの仕事の仕方や判断・行動に、上司のあり方や日頃の言動が大きく影響します。トップの影響力の強い組織であるほど、上にいくほどポジションパワーが強くなり、組織における発言力や影響度合いも大きくなります。

A社の職場は、日頃から部下が上司のふるまいや言動をつぶさに観察し、どう思っているのか、という意向を汲んで動こうとする調整文化スタイルの対応体制になっていました。いわゆる「忖度」が仕事の重要な一部になっていたのです。

上司にしてみれば指示したつもりはないけれど、部下が敏感に反応して動いてしまう。調整文化の上下関係では、上司の気配や言動で勝手に部下のスイッチが入ってしまいます。
このような組織の実態を認めていたA社では、社長が自ら役員に対し、「部下に不要な仕事をさせないようにしよう」と呼びかけました。
そこで使われたのが〈部下の仕事を増やす役員の言動〉チェックリストです。

▼詳しくは、〈部下の仕事を増やす役員の言動〉あるあるチェックリスト
http://www.scholar.co.jp/corporate/aruaru_list/

調整文化では、下から見れば、仕事は「上でつくられ」「上からどんどん降ってくる」ものという抗しがたい現実があります。それを踏まえて〝ムダに部下の仕事を増やす原因になっている〟と目される、役員にありがちな言動を自覚し、改善するために作成したものです。

ムダな仕事の発生源である上流に手を打つことができれば、仕事の量ばかりか、職場の働き方や仕事の仕方の見直しも大きく進みます。そのためには、社長自らが強い意志を持って先導し、役員自身そして役員同士が自分たちの調整文化的なあり方を変えていくことが必要でした。

たとえば、役員からの指示を待ち、上の意向で動くことが当たり前だったA社の職場では、

〈部下の仕事を増やす役員の言動〉チェックリスト

こんなふるまいや習慣で、社員をムダに働かせていませんか？

- □ 会議などで「そういえば、あれ、どうなってる？」と、議題とあまり関係のないことを突然質問される
- □ 何も言われなくても資料がさっと出てくることを「気が利く」「できる」と評価している
- □ 「私は聞いていない」が口ぐせなので、個別の根回しが必須になっている
- □ 「もっと具体的な情報がないとわからない」「資料がわかりにくい」と、やたらに詳細資料を求められる
- □ 中身よりも、資料の出来栄えやプレゼンの巧拙など、枝葉末節を指摘される
- □ 新しい提案をしても「成功の確証はあるんだろうな？」「費用対効果は？」などと、実現の根拠ばかり追及される
- □ 「失敗は、とにかくあってはならない」「どこ（部門）の責任か？」を問われる。
- □ ミスやトラブルが起こると、再発防止のために“事実・実態”から原因を探り、衆知を集めるのではなく、自部門、自論の正当性を担保する情報を集めようとする
- □ 直接は聞くことをしないが、つねに社長や上長の意向を忖度《そんたく》する
- □ 意見が相反していても表面的には合意する
- □ 稟議書を回す際、「俺は納得してないけどね」と言って、押印する

会議のための入念な事前打ち合わせや資料づくり、個別のデータ収集や部門間調整など、伝統的な仕事の習慣や約束事に従って行なわれる雑務に忙殺されていました。

▼参考：間接部門にみる「動き」（原価を増やすムダ）の例
http://www.scholar.co.jp/files/contents/column/20180821_tezuka2.pdf

このような仕事の文化には、生産性という合理的なモノサシが入りません。その実態を重く見た社長は、長年にわたる職場の長時間残業や異常な忙しさのもとを絶つため、「役員」という発生源に手を打ったのです。

役員が変化すると組織の文化は変わる

調整文化の組織に顕著なのは、ポジションパワーで空気を支配するトップの下では、その意図とは違う方向に人と組織が動いてしまうメカニズムです。そこに社員の主体的な判断と行動がない限り、問題になるのは社員の「働き方」ではなくて、調整文化に無頓着な上司の「指示の出し方」でしょう。

そこに驚くほどの非効率で人々が動く原因があり、しかも無益で価値を生まず、同時にそれが人材を疲弊させているとしたら、役員が握っているスイッチを切り替えることは急務です。社員に元気と明るさを取り戻す意味でも、大きな権限と影響力を持つ調整文化的な役員のあり方を見直すことは、組織を短期で回復させるテコなのです。

たとえばA社のように経営トップがリードして、社員にムダな仕事をさせないためのトップマネジメント向けのガイドラインをつくる、資料に100点を求めず簡素化する、などはすぐに着手できて効果も出やすい改善です。ちなみにA社では、経営会議資料は修正赤字のままをよしとして1枚に、週末のメールはやめる、若手に権限委譲を進めるための新制度を導入するなど、地道にトップが経営層の悪しき習慣の見直しと、組織のムダな仕事の断捨離を続けています。

このような〝経営の意図が目に見える〟挑戦文化に向けての改革を進めることで、ハード面の改革も加速するという相乗効果も生まれ、組織の文化も空気も確実に変化してきています。

実態として、良くも悪くも組織文化のふるまいを左右するトップ層だからこそ、こうした見直しが必要なのです。

4 「人」の評価の常識を変える

人材評価の基準を180度転換する

調整文化から挑戦文化への転換を成し遂げる最後の決め手は、評価基準の根本的な転換です。

価値観の中でも最も重要なのは、挑戦文化に向けての人材育成と人材評価の価値観の転換です。この転換は最も重要で議論の必要なテーマでもあります。もし、今までどおりの育成と評価を続けていくならば、特に人材評価に関していえば、間違いなく企業文化にとってのマイナス要因になるからです。

大企業の場合、せっかく改革が進んだ時も、私たちの目から見て、この人はもっと評価されるだけの人材価値があると思われる挑戦文化的な人が、調整文化のモノサシで異常に低い評価を受けていたり、その正反対の人が重要なポジションに就いたり、といったことがままります。せっかく起こった変化も、調整文化的なトップに代わってしまうとまた逆戻りをし、社内にいる若い人がそのギャップに苦しむ、といったことが起こるのを何回も見てきているのです。

つまり、こうした「挑戦文化の持つ意味」や「調整文化の問題点」を本質的に理解しない評価者が、ただ仕事を従来どおりにこなす力を持っていて上からの覚えがいい、という見立てで調整文化に染まった人物に主要なポジションを与えるとしたら、そこから改革の破綻が始まります。改革でめざす挑戦文化の価値観を、現実の組織で重んじられる価値観が打ち消してしまうからです。

間違いなくいえることは、人材の評価も調整文化と挑戦文化のそれとでは真逆になる、ということです。「人間として上には受けがいい」とか、「仕事をこなすことができる」とかは人材の見分け方の基準には必ずしもならないわけですが、一般受けしやすいことに間違いはありません。そういう意味でも、人材の質の見分けは簡単ではないのです。

調整文化の人間観
――型を身につけ、上司に仕える

調整文化での人間観、評価・育成の基本的な考え方は〝型を身につけることに意味がある〟というものです。型は基本ですから身につけること自体は必要です。基本を身につけた後、その応用ができれば伸びていくことが期待できるからです。そういう意味では、型を身につけることはその先をめざすための土台、いうならば手がかりだということです。

問題なのは、調整文化では型を身につけること自体に必要以上の意味を見出してしまうことです。つまり、型を身につけることそのものを目的にしてしまっているのです。型が大事というのは、複雑性のある中身よりも形式要件が整っていることに価値を置く姿勢です。使い方を間違わなければ意味のある姿勢なのですが、注意する必要があるのは、事実というのは形式ではなく、その中身だということを見落としがちな点です。

中身よりも形式要件を優先させる価値観を持つ人は、そういう意味では、事実にも自分にも誠実ではない可能性があるのです。

確かに型を身につけていることの効力は「こなしの能力」を発揮することにつながっていますから、繰り返しをする時には役立ちます。しかし、型を身につけることと頭の使い方を身につけることとは同義ではないのです。本当の意味での考える力は、型という基礎を身につけた後、頭の使い方を身につける時にこそ発揮されるからです。

大きな問題となるのは、調整文化では型を身につけることを目的にしてしまう人間の評価が安定しているということです。

そういう人間は往々にして柔軟性に乏しく、答えのすぐに出ない「考える力を養う議論」

なども意味のない時間の使い方として排除したがる傾向にあります。答えが簡単に出ない問いと向き合う「開く場」が持つ意味を否定する側に回るのは、まさにこういうタイプの人間なのです。

もう一つ、調整文化で評価される人間とは、組織と力のある上司に忠実な人間です。仮に事実と違うことであっても、組織もしくは力のある上司に都合のいいことなら迷うことなく嘘をつくことをできるのが調整文化を身にまとった人間なのです。事実よりも忠誠が優先されるのは調整文化では珍しいことではありません。

組織が大切にしている型を身につけ、上司に対して仕える、という姿勢で、礼と格式を重んじて行動し、つねに組織の中での立場をわきまえた行動をしている「型にはまった人間」が評価されるのが調整文化です。

このような人間の特性は、〝空気を読み発言を控える〟という点にもあります。こうした人間が増えることは、組織の当面の安定につながります。規律を守る人々によって組織はその設計の意図どおりに機能しやすくなるからです。

挑戦文化の人間観
——事実と自分に誠実に向き合う

環境変化に対して組織を閉ざし、独自の内部ルールで安定化をはかっているのが、調整文化です。

これに対して、環境の変化を前提としている挑戦文化では、事実と自分に誠実に向き合う姿勢を持つことが最大に評価されます。変化する事実・実態に誠実に向き合いながら動くことに価値が置かれているわけです。そういう意味でも「現地現物を大切にする」というのが挑戦文化の基本中の基本なのです。事実に対して誠実に向き合い、事実に即すことこそが挑戦文化では求められているのです。

事実に即するとすれば、人間というのは悪意がなくとも間違いを起こします。悪意がない、ということは意図して間違いを犯しているわけではない、ということです。その時、つねに自分としっかりと向き合う姿勢を持っていれば間違いにも気がつく可能性が大きくなります。自分に対して誠実である、というのはそういう意味です。

調整文化が「思考停止の文化」であったのと対照的に、挑戦文化は考える文化、つまり「頭を使う文化」です。したがって、挑戦文化の人材育成で最も大切なのは、知識を覚えることではなく、「考える力」つまり頭の使い方を身につけることです。そして考えるだけでなく、それを実践する。いうならば、自分の責任で選ぶという経験を持つ、つまり判断力を身につけることです。このことは同時に、失敗から学ぼうという姿勢を持つことを意味しています。

そういう意味で挑戦文化は、本当の意味での誠実さ、人間として誠実に生きるとはどういうことか、が試されている文化です。人間として誠実に生きることを実践し、成し遂げていくだけの判断力が求められているのです。

このような挑戦文化の思想の根底に流れているのは、物事はつねに進化していく、ということを大切にする考え方です。

考え抜き、前提を問い直し、選び、失敗することで学び続ける。そして進化をする。空気を読んで発言しないのではなく、空気を読む力を持っていないのでもなく、空気を読む力を持っていて、それが必要だと思えば、空気を乱すような発言もあえてできるような人間が、挑戦文化では評価される人間だということです。

仲間と信頼関係を築くことは、調整文化でも挑戦文化でも必要とされます。ただし、何をもって互いに信頼し合うのかといえば、人材評価に決定的な差があるように、信頼を生むきっかけに違いがあるのです。

問題を見分ける能力もそうでしょう。そもそも調整文化と挑戦文化では何をもって問題とするのか、が根本的に違うのです。いうならば、調整文化では本当の問題が顕在化しないことを大切にしますから、本質的な問題を見分ける力は挑戦文化を身につけていないと持つことができない、ともいえるのです。

何がカギになるのか、を見分けるのも大切な能力です。この力は、高い視座で全体を意味のある広さまで捉えて、その中でカギになるものを見抜く力です。高い視座を持つことで全体を見渡せる「能力と経験」があれば、何が切り口になるのかを見分けることもしやすくなります。

こうした能力が調整文化的に使われるのか、挑戦文化的に使われるのかで会社の未来は決まっていくのです。

私たちの経験では、「挑戦文化的な力を持っている人間」がわずかなミスをきっかけに閑職に追いやられることで改革が停滞を始める、ということが何度もありました。こうした人事はまさに会社の未来を閉ざす人事であり、何としてでも見直す必要があります。

調整文化的な人間は可能な限り影響の少ないポジションに、挑戦文化を身につけた人間をキーポジションに配置することが挑戦文化の花を咲かせるためにはある意味で一番大切なことでもあるのです。

そういう意味で、今日ほど人事の担う役割の意味、その眼力が問われる時代はありません。「何をもって、人材を評価するのか」によって、「その企業の未来は決まる」という最も大切なことをここに再確認しておきたいと思います。

おわりに

今のまま抜本的な手を打てない状況が続くなら、急速に進化し続ける世界から確実に取り残されていくことが予測される日本。この長期にわたって深刻化してきている停滞を打開する策を何としてでも見つけたい、そういう強い思いを込めてこの本を書き始めました。

「調整文化」という概念は、そんな日々の葛藤の中で見出したコンセプトです。

正反対の性格を持つ挑戦文化に衰えが見え、平成時代以降、ますます優位を高めてきているのが調整文化です。

執筆当初は、「調整文化から挑戦文化へ」、という表現で、この二つの相容れない真逆の文化の力関係を逆転させ、正反対の仕組みづくりに取り組まなければならない、というシナリオを構想していました。調整文化の「思考停止パターン」を挑戦文化の「頭を使う仕組み」に変える、といったように、両文化を否定し合う関係として捉えた企業変革ストーリーです。

昨年一年間、このストーリーを使って、主に企業内でのさまざまな勉強会などで多くの人々と議論を重ねてきました。その中で明確になってきたのは、会社によって、この二つの文化の影響力のありようはさまざまであることです。また、経済の高度成長の時代から平成の時代へと、挑戦文化の勢いを調整文化が凌駕していく状況が認められることなどもわかってきました。

それだけではありません。調整文化を構成するさまざまな要素の中心に、私たちの貴重な財産になりえる、プラス評価できる資源が眠っていることが明らかになってきました。たとえば「日本人が持つ強い共感力」をきちんと再評価すれば、生かし方次第で日本の長所となりえることが認められ、それは挑戦文化のエネルギー源にもなっていたという事実です。

予定調和ですべてを収めようとする調整文化のありようをあらためて、その長所を生かしプラスに働くように革新する。他方、挑戦文化の持つ勢いが私たちの中で再び盛んになるよう注力する。「**調整文化の良き土壌をつくり、そこに挑戦文化の花を咲かせることで企業価値が高まる基盤をつくる**」――これこそが日本の将来のため、そして私たちの子孫のため、私たちに課せられた最大の課題だ、というシナリオが、私たちの新しい両文化の捉え方になりました。必ずしも対立構造として捉えるのではなく、調整文化の奥深くにある日本的な伝統が持つ良質なものを生かした「日本的な挑戦文化」をつくり上げることが必要だということです。

このように、「調整文化」という概念は、さまざまな人との議論の中で次第に明確になり、進化発展してきたコンセプトなのです。

そういう意味でも、じつに多くの方の支援を得て、この本をつくり上げることができたことに感謝しています。議論に参加してくださったすべての方々にこの場をお借りしてお礼を言わせていただくと共に、原稿の段階でお読みいただき貴重なご意見をくださった東芝エネルギーシステムズの役員、岡村潔さん、旧住友軽金属工業（現ＵＡＣＪ）の元役員、木村泰三さん、東京海上日動ＨＲＡの柿沼幸一さんにあらためてお礼を申し上げます。

この本で使われている東洋精電のストーリーはあくまでフィクションです。しかし、実際にあった事例をほぼ忠実に再現させていただいている部分も少なからずあります。共に新たな経営チームビルディングのやり方をつくり上げ、モデルとなった会社の社長、役員の皆さんにはケースストーリーの題材とさせていただくことを快くご了解いただきました。ここに名前を挙げることはできませんが、心からの感謝の意を表します。

また、モデルとなった会社をサポートする時に企業戦略の専門家として重要な役割を果たし、本づくりにも貢献してくれた、パートナーの田中宏明さん、そして編集に貴重な役割を果たしてくれたフリーランスの西林啓二さん、企画・制作に関わったサポートし続けてくれたスコラ・コンサルトの谷田邦子さんとチームをサポートしてくれた高野昌子さんに心からお礼を申し上げます。

最後になりましたが、この本が持つ意味をご理解いただき、出版を後押ししてくださった日経ＢＰ日本経済新聞出版本部の本部長の白石賢さん、編集者の長澤香絵さんに心から感謝申し上げます。

皆さん、本当にありがとうございました。

令和2年4月

柴田　昌治

［著者紹介］

柴田 昌治（しばた・まさはる）

株式会社スコラ・コンサルト　プロセスデザイナー代表

1986年、日本企業の風土・体質改革を専門に行なうスコラ・コンサルトを設立。30年にわたる改革の現場経験を通じ、序列に縛られ停滞する日本の組織を、事実・実態に即して自らを変えることで新陳代謝していく組織に変える、日本的な変革の方法論〈プロセスデザイン〉を提唱してきた。1979年、東京大学大学院教育学研究科博士課程修了。主な著書に『なぜ会社は変われないのか』『トヨタ式最強の経営（共著）』『日本企業の組織風土改革』ほか。

なぜ、それでも会社は変われないのか

危機を突破する最強の「経営チーム」

2020年4月17日　　1刷

著　者　柴田昌治

発行者　白石　賢

発　行　日経BP
日本経済新聞出版本部

発　売　日経BPマーケティング
〒105-8308　東京都港区虎ノ門4-3-12

装　幀　竹内雄二

ＤＴＰ　マーリンクレイン

印刷・製本　中央精版印刷株式会社

ISBN978-4-532-32315-8　Printed in Japan

本書籍に関するお問い合わせ，ご連絡は下記にて承ります。
https://nkbp.jp/booksQA

Printed in Japan